U0747277

写作的方法

自我提升与价值创造

蒹依————著

人民邮电出版社

北 京

图书在版编目（ＣＩＰ）数据

写作的方法 ：自我提升与价值创造 / 蓑依著. --
北京 ：人民邮电出版社，2023.3
ISBN 978-7-115-60193-3

Ⅰ．①写… Ⅱ．①蓑… Ⅲ．①写作－方法 Ⅳ．
①H052

中国版本图书馆CIP数据核字（2022）第187921号

内 容 提 要

本书系统分享了写作方法，摒弃了"套路式""模板式"教学，用14章内容讲解了大量实用的写作技巧，让写作新手也可以轻松学会写作，爱上写作。

本书从对写作的认知和写作的底层逻辑入手，全面剖析了选题构思、结构搭建、素材搜集、语言运用、大纲撰写、故事创作的方法和技巧，包含小说写作、自媒体写作、读书博主、写作变现、手把手带你从0到1学写作等实战模块，内容的指导性和实操性强。

这是一本"反焦虑"的书，市面上讲解写作的书籍大多在告诉你如何迅速变现，而本书运用大量的实战案例，手把手教大家如何一步步写出自己满意的文章，如何享受写作的过程而不把它当作一项工作或一件麻烦事，如此才是长久的变现策略。这套写作方法已经有许多人亲身实践过，有很多人投稿成功，有的人成功出版自己的作品，有人建立了个人写作品牌，实现"逆袭"。

本书适合想要学习写作、热爱写作、渴望通过写作变现的所有人。

◆ 著　　　　蓑　依
　　责任编辑　陈楷荷
　　责任印制　周昇亮

◆ 人民邮电出版社出版发行　　北京市丰台区成寿寺路 11 号
　　邮编　100164　　电子邮件　315@ptpress.com.cn
　　网址　https://www.ptpress.com.cn
　　固安县铭成印刷有限公司印刷

◆ 开本：700×1000　1/16
　　印张：17　　　　　　　　2023 年 3 月第 1 版
　　字数：204 千字　　　　　2025 年 4 月河北第 13 次印刷

定价：69.80 元

读者服务热线：(010)81055296　印装质量热线：(010)81055316
反盗版热线：(010)81055315

写作"救"了我

2014 年 5 月，我第二次考北京大学中文系的研究生失败，一分之差深深地刺痛了我。我不知道未来的方向在哪里，也不知道该如何面对眼下糟糕的一切，于是，我拿起笔，开始给自己打气：我告诉自己，你之所以现在迷茫，是因为你的才华配不上梦想；我告诉自己，你不要以为你很努力了，其实很多人比你努力多了；我告诉自己，你现在什么都没有，一点都不可怕，可怕的是你再也不想站起来……

这一篇篇给自己打气的文章，被我发在一个新注册的豆瓣账号上。没想到，发一篇，被平台推荐一篇，发一篇，火一篇。一时间，豆瓣、微博和公众号上到处都是我的文章。不到半个月的时间，有出版社来找我：蓑依，你有计划出书吗？

于是，我的第一本书《这世上的美好，唯你而已》，就在我考研失败的半年内出版了，时间是 2014 年 9 月。

就这样，写作"救"了我，我开始了和写作相依为命的生活。

因为从小有一个做电视节目的梦想，研究生毕业后，我想去电视台工作。但因为学的不是相关专业，我被很多节目组拒之门外，最终还是凭借我出版的书，说服了《开讲啦》节目组的制片人，才有了一次尝试的机会。

后来，我加入了《我是演说家》节目组，用了两年的时间做到了主编，这也是因为我的写作能力不错，撰写了很多大受欢迎的演讲稿。

到了 30 岁，我想辞职创业。又是因为写作能力强，我创办了一家针对成年人的教育培训公司。公司打破了"90% 的初创企业会在三年内死掉"的"魔咒"，顺利地生存了下来。

写作在我人生的不同阶段，给了我不同的力量。我从山东农村一路摸爬滚打到北京，在这一路的"泥泞"里，写作就是一束光，虽然不耀眼，但却照亮了我前行的路。

写作改变了我的人生，那我是否有可能用写作去帮助别人呢？这是我在 2020 年辞职的时候，一直在想的问题。

我知道这很难，因为在短视频的时代，很多人已经放弃写作了。很多人沉浸在碎片化信息的狂欢中，已经不对深度思考有所期待了。

可是，难，就不要做吗？

不做全部，做一点，行不行？

就是怀揣着这样一颗小小的信念的种子，我把我的写作经验梳理出来，形成了体系化的方法论，先在一部分人中间试验，等到看到不错的结果之后，才推而广之。

三年过去了，你们看到了此刻摆在你们面前的这本书，这是我 14 年写作经验的总结，也是我过去三年和几千名写作学员一起成长的总结。

在这个过程中，我见证了很多人说"我很爱写作"，但是一篇文章都不写，转而说"自己没有时间写"；见证了很多人说想要一年后通过写作养活自己，却连一个月都没有坚持下去；见证了有些人勤奋日更、把自己压榨到极致却因为缺乏思考，几乎没有进步的痛苦……

但同时，我也见证了零基础写作一年，就出版了一本亲子书的全职妈妈所付出的努力；也见证了很多人用写作把自己从抑郁症的旋涡中生生拯救出来的完整过程；也见证了单亲妈妈如何用文字做图文自媒体来还房贷、给孩子交学费的真实故事。

写作面前，人人平等。你付出多少努力，就收获多少回报。

写作是最不能骗人的，因为它就是日复一日的训练。仅仅写作一个月的人基本不可能在这件事上超过写作一年的人。

写作是最不能骗人的，因为它就是日复一日的思考，你的思考是深是浅，是全面还是片面，是丰富还是干瘪，都体现在你的文字里。

写作是最不能骗人的，因为它就是日复一日的生活。苏格拉底说"未经审视的人生，不值得一过"，那未经记录和反刍的一天，也在某种程度上荒废了。

2021年10月，我在山东农村老家办婚宴，当时来了很多不识字的亲戚，他们见到我说得最多的一句话就是："我们听说你是个作家，我得让我们家孩子多多向你学习，好好读书，好好写，做个争气的娃儿！"

也许他们一辈子都不知道我写的是什么，也不知道作家每天到底在做些什么，但是如果我们村里的孩子因为我的存在，知道原来写作距离自己并不遥远，这就已经是我的福报了。

是的，写作并不遥远，对你来说也一样。

当你写出第一个字，你的写作之旅，就开启了。

9
第 9 章

小说写作

10
第 10 章

自媒体账号运营与写作

11
第 11 章

读书博主

14
第14章

女性写作：内心的一杆秤

1

你所认为
的写作
都是"错"的

01

你到底为什么要写作？

　　本章的标题是"你所认为的写作都是'错'的"。事实上，你对
写作的认知几乎都是对的，写作可以五花八门，可以包罗万象。既然
这样，怎么又有"错"之说呢？

　　在过去的几年里，有成千上万名学员跟我一起学写作，他们无一
例外，都会遇到一个问题：你到底为什么要写作？

　　有的人说我是为了变现，赚点钱贴补生活。

　　有的人说我是为了完成梦想。

　　有的人说我是为了反思和记录自己的生活。

　　这些答案都没有问题，只是，这真的是你写作的初衷吗？我一直
有一个观点：凡是你张口就来的事情，都是没有经过深思熟虑的事情。

　　在 2021 年《时间的朋友》跨年演讲上，罗振宇讲了这么一个故事。

　　他发现 2020 年螺蛳粉的销量非常高，他的第一反应就是难道是当
下大家更愿意尝试一些奇奇怪怪的口味，还是柳州市人民政府在螺蛳
粉生产链条上的投入终于开花结果了？这是他马上就可以想到的两种
可能。后来他带着这个疑问找了一个投资人，投资人站在自己的角度
给了他一个他从来没有想到过的答案：因为外卖市场基本一家独大，

老百姓很难享受到外卖补贴的福利了，一份外卖动不动就是 20 元起，一些老百姓不得不在 20 元起的外卖和七八元的速食品中做选择。而在这中间，就是螺蛳粉的生存空间，螺蛳粉差不多十几元一份。

罗振宇听完之后，在自己的办公室写下一句：不要轻易下结论。我想，我们许多人在面对写作这个问题时，和罗振宇面对螺蛳粉畅销问题的情景是一样的：它太好理解了，所以我们很容易就下了结论。但事实远比这复杂得多。

我再次抛出这个问题：你到底为什么要写作？也许你暂时还想不出更深层次的答案，那我把历史上那些伟大的作家选择写作的原因分享给你，给你一点启发。我几乎查遍了知名作家谈自己的写作经历的文章，在写作原因方面，虽然说法很多，但不外乎下面 3 种。

第一种，为现实生活所迫。

巴尔扎克说："我为何写作？当然是为了出名和变得富有了！"他也是诚实得很可爱。《简·爱》的作者夏洛蒂·勃朗特更直接："我写作是因为我弟弟靠不住，要贴补家用。"其实不只是外国作家会为生活所迫，中国作家也一样。汪曾祺在《我为什么写作》中写道："原因无它：从小到大，数学不佳。"我简直想隔空和汪老握个手，想当年我也是数学极差的人。说实话，这些现实因素也许真的是他们走向写作之路的重要推动力，但他们内心的追求应该是更重要的原因。

第二种，美学的热情。

这种美学的热情有两种含义：一种是对外部世界美丽事物的感知，当你很想把美的景色、器物、概念、人记录下来的时候，你的冲动就是出于对美学的热情；另一种就是很多作家会对文字和它们的恰当组合有感知，能在语音的碰撞、坚实的文字和有节奏的好故事中取得愉悦感。

事实也确实如此。马尔克斯说自己写作的愉悦感有一半来自修改开头。我们普通人可能觉得修改开头好无聊，赶紧写下去多好，但他不这么认为。

马尔克斯说："我会在第一段上花上数月，第一段一旦完成，剩下的自然就出来了。在第一段中，你需要解决书中大部分的问题。主题确定了，风格和语气自然就确定了。后文都将以第一段为样本，至少对我来说是这样的。"他很享受开头带来的稳定和流利感。

第三种，历史或政治的冲动。

鲁迅弃医从文，是"为了救中国人"。美国的幻想小说家雷·布雷德伯里被问到为什么写作这个问题时，反问："写作是我借以回报这个时代的手段！我想一个人应该为自己生活的时代做点什么，难道不是这样吗？"

其实，每个人的写作目的不止一个，也不是完全不变的，如同诺贝尔文学奖获得者莫言所说："以我个人的经验看，一个作家从他写作的开始，一直到他写作的终止，在这个漫长的写作过程当中，他的写作目的并不是一成不变的，不是从一开始就确定了的，它是随着作家本身创作经验的丰富、社会的变迁、作家个人各方面的一些变化而变化的。"

创意小练笔

列出 6～9 条你的写作初心吧，每多列一条，你在内心对自己
的追问就深了一分。

_____

_____

_____

_____

_____

_____

02

作家是运动员，不是画家

写作，是一门手艺。这门手艺和其他任何手艺一样，对手艺人有一定的基本要求和门槛。在我看来，写作人的基本要求，无外乎3点：一是勤奋，二是思考，三是热爱分享。如果这3点要求都达不到，就很难走上手艺精进之路。

1. 勤奋写作，是所有作家的基本素质

几乎所有的作家都是极度勤奋的，无论他创作的是传统文学还是网络小说，单单这一点，就会淘汰很多人。

著名作家严歌苓每天写作六七小时，雷打不动。在写长篇小说《扶桑》的时候，她甚至有几天一写就是17小时。另一位以勤奋著称的作家是唐家三少，他从2014年开始创作网络小说，每天更新至少8000字，数年来从没有间断，在领结婚证、举办婚礼、儿女出生那段时间，他都在写。他说："我要让我的读者适应每天都读我的作品。在很多读者心中，我的作品就像早上起床后的那杯水，喝不到就别扭。"凭借这一点，他在作家收入榜榜首待了好几年。更不要说我们都熟悉的亦舒了，她每天早上5点就起床写作，风雨不改，从不熬夜，早睡早起，像她这样勤奋的作家比比皆是。

很多人说作家像画家，天赋更重要。但是在我细致地研究了几百位作家之后，我发现作家更像运动员，百米冲刺的时候天赋非常重要，但是一旦练习长跑，勤奋就变得更加重要。

我身边曾有几位非常有天赋的作家，他们在年龄很小的时候就获得过很多比赛的大奖，包括《人民文学》举办的比赛的一等奖，但几年之后，都销声匿迹，因为没有写出新的作品来。

勤奋的背后是耐得住孤独，耐得住写了很久也没有被人看到的孤独。写作终究是一个人的孤独，孤独是作家的第二双眼睛，帮助你看到别人看不到的世界。

2. 优秀的作家都在观察和思考这个世界

普通人在经历这个世界，而作家在观察和思考这个世界。

我每天写作的时候，是我思考最多、成长最快的时候。苏格拉底说："未经审视的一生，不值得一过。"写作就是"审视"的工具，让我们的人生充满意义。

昆德拉说，他的写作始终与大众和社会保持着距离，坚持让自己站在一个疏离的观察点上，这是每一位作家都应该做到的。想要不被生活淹没，想要有所表达，必须抽离出来。

书写的底色是思考，文字只是工具而已。

3. 优秀的作家都有分享或者影响他人的欲望

写作是为了表达自我，这没有问题，但还远远不够。如果你只想表达自我，读者也许不会买账。写作不是单一行为，而是一种关系。你想要有读者，就得站在一个更宽广的视角下写作，思考你能带给他人什么、影响他人什么。

表达自我和影响他人不冲突，两者可以并存，只是很多人为了省事和偷懒，只表达自我，不去关注他人的处境，也不思考更宏观的命题。长久下去，你一定会失去读者，而一旦没有了读者，写作也就逐渐停止了。

创意小练笔

以上 3 点基本要求，你觉得自己都能达到吗？如果有达不到的，你可以试着写一下原因，也许一个瓶颈就这样被突破了。

_____

_____

_____

_____

_____

_____

03

会写作的人，真的很"赚"

我相信大家在现实生活中，一定遇到过很多兴致勃勃地开始写作，但没坚持多久就放弃了的人。正在读这本书的你未来很可能也这样。

为什么会这样呢？在我看来，没有人会想要做一件没有意义的事情，一件事情必须有价值才容易坚持。很多人之所以放弃写作，是因为没有感受到写作的价值，然而很可能因为他对写作价值的认知是狭隘的，所以他才感受不到写作的价值。

如果你只用有没有发表文章、有没有赚到钱来评判写作的价值，那你当然很容易放弃，因为你忽略了一些更重要的东西。

我和你分享写作 6 个层面的价值，希望它们能够帮助你用更全面的视角来整体性地看待写作这件事。

1. 增强你的思考能力

写作给个体带来的帮助，排在第一位的一定是可以增强一个人的思考能力，提高人的思考质量。

首先，大家可以回忆一下写作的整个过程：你先要从万千琐碎复杂的事物中辨别和选择出哪些东西可以写，这就需要判断能力；现实生活中的事物都是具体的，但文字是抽象的，所以接下来你要把具体的事物用抽象的文字表达出来，这就需要抽象能力；写的时候，你还得考虑到词语组合、段落组合、行文结构，这就需要逻辑能力。一段小小的文字看似自然产生，其实都是你思考的结果。如果你每天都在写作，思考能力绝对比不写作时增强很多。

你肯定有这样的感受：如果你对某件事情思考得深入，就有很多话可以说；如果你对一些事情没有想法，就一个字也写不出来。

我最开始练习写作的时候，用了一种叫"热点新闻"的方法，就是随便找一个网上的热点新闻来写，有可能是体育新闻，有可能是气候新闻，也有可能是娱乐新闻，然后强迫自己写下对这件事情的看法，写不出来就去找资料继续写。这样持续了半年，后来我就养成看到一件事情总是多思考几步的习惯，这让我的成长速度快了很多。

2. 写作疗愈

写作对个人的帮助，排名第二的，我认为是写作疗愈。

这是我最想展示给女性朋友的层面。对于大多数人来说，写作疗愈是一种最简单实用的自救方法。

我是写作疗愈的受益者。因为性格孤僻、很少社交，当我遇到问题时，第一个想到的就是把它写出来，无论是原生家庭烦恼、职场烦恼，还是自我成长的瓶颈，我都会不考虑章法、不考虑技巧、不考虑受众地随便写。一般写完了，我也就在很大程度上被治愈了。很多人问我："蘘依，你怎么每天那么热血？"当然是因为我把负能量都倾倒在了你们看不到的地方，我不是没有负能量，只是自己写出来消化了。

如果你没有人倾诉，如果你觉得内心有非常多的负能量，如果你觉得思绪很乱，我建议你拿起笔或者打开电脑随便写。写完之后，你往往会有惊喜。

3. 个人能力的放大器

写作是个人能力的放大器，这是我最想给职场人说的层面。

不要把写作当作一件孤立的事情来看待，它可以和你当下的事情产生连接。写作是个人能力的放大器，在自媒体时代，写作可以帮助你达成很多你以前很难达成的事情。

我有一个朋友是做空间设计的，正常来说她不需要写作，做好自己的空间设计就行了。但是她通过不断地写作输出，展示自己的空间设计理念和案例，有越来越多的客户来找她做空间设计，以前她去找客户，现在客户来找她。而且因为她的写作能力很强，也有人开始帮她做与出书相关的准备。一年的时间，写作帮助她完成了从"低维"到"高维"的转变，打造了个人品牌，提升了自我影响力。

想象一下：程序员 + 会写作，销售员 + 会写作，产品经理 + 会写作，社群运营者 + 会写作，创业者 + 会写作，投资人 + 会写作……职业身份和写作能力结合在一起，产生的一系列效果是非常令人惊叹的。

4. 有效社交，找到真正的同类

蒋勋在《孤独是思考的开始》中说，大凡爱创作的思考者都是孤独的，非常非常孤独。我很赞同他的说法，很多时候，与其说我们选择了写作，不如说写作选择了我们，写作让我们比别人更容易看清一些事情的真相，也让我们对生命的意义不断进行追问。

写作让我们孤独，同时，写作也在帮我们找到同类。

我的作家朋友说过一句话：写作不是用来教化众生的，而是用来寻找同类的。我相信没有比写作更有助于找到同类的了，因为写作是传递价值观的艺术，写作是暴露内心的艺术，写作让你直面自我，在写作面前，每个人都是不加掩饰的。

你如果想装，写一篇文章时可以装，但写十几篇、几十篇文章之后，你就装不下去了，会自相矛盾，会经不住内心的叩问。在不装的基础上，如果有人看了你的文章，愿意和你成为朋友，说明他是信任你的。恭喜你，有了真正懂你的人，哪怕他只能给你遥远的呼应，那也是很大的力量，也是奢侈的共鸣。

5. 写作可以让你赚到钱

通过写作赚钱，通常有以下两种途径：

一种途径是如果写作能和你现在从事的职业相结合，就很容易让你赚到钱。我身边的很多女性创业者都是写文章的高手，她们通过写文章输出自己的价值观，继而售卖自己的产品和服务。

另一种途径就是纯粹靠写作赚钱，比如投稿发表文章，写软文获得稿费，出版作品获得版税，等等。

我写作十几年，在前十年基本上都是利用后一种途径赚钱，但即便如此，我也不得不承认：这条路非常难走。

为什么这么说呢？从本质上来说，是因为写作这件事"不标准化"。拿我自己来说，我写过很多篇阅读量"10 万 +"的文章，但这是我累计写了几百万字才有的结果，且我无法保证自己写的每篇文章都是爆款。我只能不停输出，去搏一篇爆款。而这个"搏"的背后是每天高强度的输入和输出，只有具备顽强的毅力和足够的热爱才能做到，这样的人其实少之又少。

我不否认纯粹靠写作可以赚到钱，因为我就是这么过来的，但我仍然坚定地认为：对绝大多数人而言，这条路并不容易。

6. 写作是一个保值、增值的技能

写作是值得投资的，因为它是一个保值、增值的技能。这可以从两个方面来理解。

第一，很多职业也许会被人工智能或更具未来感的方式所取代，

但写作不会。即便现在市面上有各种人工智能写作工具，可事实证明，大都是失败的，因为这和写作的本质相违背。

第二，写作这个技能具有很强的"时间壁垒"。同样的基础，一个写作一年的人，大概率比不上写作三年的人。写作这种软性技能一旦具备，别人很难在短时间内超过你，因而会形成强大的竞争力。

如果你想在工作之外给自己培养一个技能，写作是一个不错的选择。

我很喜欢一句话："生命从来不是你活过的样子，而是你记住的样子。"希望借由写作这个工具，我们能记住更好的人生。

同时，我也把毛姆的一句话分享给你："作家追求的回报应该是挥洒文字的快乐和传播思想的惬意。至于其他的，那就随便去吧，别去在意赞美或诋毁、失败或成功。就随便写下去吧，写到生命尽头，别放弃。"

创意小练笔

这 6 个层面的价值里，你最看重哪一个？为什么？或者你觉得写作对你而言还有其他价值吗？欢迎你系统性地思考一下，并用一段文字记录下来。

_____

_____

_____

_____

_____

04

警惕写作过程中常见的五大误区

在陪伴几千位小伙伴练习写作之后，我发现了一个很特别的现象：某人也许十几年没有写作了，但是脑袋里却有一堆关于写作的误区。这些误区大多是道听途说来的，没有亲身验证过，但正是因为有了这些错误的观念，他们更不敢下笔了。

这里给大家分享常见的五大误区，帮你驱散写作的迷雾。

如果给写作过程中常见的误区排个序，排名第一的误区很可能是写文章先考虑别人怎么看。

不可否认，写文章要考虑读者的感受，因为写作是一种关系，只有作者和读者同时存在，才称得上是写作。这没有错，但前提是这篇文章是你想写的，你的感受应该排在第一位。如果你连自己都打动不了，何谈去打动别人？你都不相信自己写的东西，别人为什么会相信？

这也是很多从业已久的自媒体作者依然没有多少粉丝或读者的原因。他们太在意读者喜欢什么，太讨好读者，太迎合读者，反而失去了自己的个性和表达，成了套路化、模板化的写作者。

作者处理和读者的关系时不要本末倒置，文章是你自己的，你要先对此负责，其次才是对读者负责。如果你想清楚了这个问题，就不会因为"太关注别人会怎么看我"而连下笔都胆怯。

第二个误区是，文笔不好，肯定写不好。

对这个误区，我从两方面来解释。

首先，如果你从整体来看写作，就会知道，文笔只是影响写作质量的一个因素而已。主题重要吗？情节重要吗？逻辑重要吗？想象力重要吗？影响写作质量的因素很多，不要死死盯住文笔。

其次，很多人对文笔的认知是错误的，认为文笔就是会使用华美的辞藻。什么叫好文笔？《菜根谭》中有一个解释："文章做到极处，无有他奇，只是恰好。""恰好"就是对文笔最高的诉求，不是堆砌辞藻，不是过多修饰，不是玩弄技巧，是这个地方就应该用这个词。

不要被文笔吓退，大部分人稍加训练，都可以达到正常的文笔水平。

第三个误区是，只有写小说、诗歌、散文才叫写作。

这又是一个思维定式。我们从小就被作文的各种文体所捆绑，以致长大后还被紧紧拴牢。其实，只要是运用语言文字符号进行的创造性的脑力劳动，就都是写作。我们不是必须创作文学作品，也可以进行日记写作、信件写作、新闻写作、微博写作等。

有一本很有意思的书，叫《精简写作》，从歌词、广告、段子、图片说明、墓志铭等"短"内容中探索写作的意义和价值。谁说写作必须长篇大论呢？

第四个误区，写作是不需要训练的，或者说训练是无用的。

作家章诒和在《我和我的先生马克郁》中写了一件事。毕业于北京大学中文系的马先生问章诒和："你有丰富的经历和记忆。平时聊天，听你形容个人儿或说件事儿，都活灵活现的，可到了纸上，你怎么就干巴啦……""你知道自己缺少什么吗？"章诒和说："缺少语汇呗！"马先生说："不是缺少语汇，是缺乏文学训练。"

我相信很多人在面对写作时都有一种"力不从心"的感觉，怎么也写不出自己真实的想法。之所以这样，是因为写作作为一个技能、一个系统，是需要训练的，需要用一些技巧和方法来帮助你更加自由地表达。

第五个误区是，只要我努力，就可以驾驭所有文字。

没有一个作者是全能的：有的擅长写儿童文学，有的擅长写悬疑小说，有的擅长写乡村故事，有的擅长写女性读物，有的擅长写散文，有的擅长写诗歌……每个人都不一样。

每个人的精力都有限，找到自己喜欢和擅长的，然后持续训练，对大多数人来说，这样做更容易看到变化，也更容易找到自己擅长的领域。比如鲁迅和张爱玲，都是写人物，但很不一样。鲁迅喜欢从画家入画的角度分析，一笔勾勒、形神兼备；张爱玲习惯用很大的篇幅来描述人物的穿着，以此来侧面展示人物的性格和社会地位。

在我看来，与其"求全"，不如"求精"，把自己喜欢的内容打磨到最好，其实对写作的整体感知也就被打通了。

创意小练笔

本篇讲到的五大误区，哪一个戳中你了？你为什么会存在这样的误区呢？你准备怎么改变呢？欢迎你写下来，完成自己的思考。

_____

_____

_____

_____

_____

2

第 2 章

写作的
底层逻辑

01

画面思维：你的肩上架着一台摄像机

这一章我们会围绕关键词"底层逻辑"来展开。无论是什么文体的写作，无论是谁来写，写作都是有一些基本的原则和规律的。只要把这些底层逻辑吃透了，怎么写都不会太差。

第一个底层逻辑就是画面思维。

接下来我们一共会解决 3 个问题：什么是画面思维？画面思维为什么这么重要？怎样才能让文章有画面感呢？

1. 什么是画面思维？

如果你熟读《小王子》，可能会记得里面有以下内容：

"如果你对大人们说：'我看到一幢用玫瑰色的砖盖成的漂亮房子，它的窗户上有天竺葵，屋顶上有鸽子……'他们怎么也想象不出这种房子有多么好。

"必须对他们说：'我看见了一幢价值十万法郎的房子。'

"那他们就惊叫：'多漂亮的房子啊！'"

这几段内容有非常丰富的意味。我们成年人写文章，用的都是"十万法郎"式的写法，简单、粗暴，但这种句式没有任何画面感可言，没有美感、没有想象力。反而是"玫瑰色的砖""窗户上有天竺葵""屋顶上有鸽子"这些描述，给我们生动地展现了一幅温暖、有生气的画面。

所谓画面思维，就是你的每一句话、每一段话或每一篇文章，都是以一种画面构图的思维写出来的。当读者阅读你的文字时，它能感受到视觉、听觉、味觉等带来的立体感知，仿佛有一幅画在他面前徐徐展开。

2. 画面思维为什么这么重要？

对于这个问题，我从以下 3 个方面回答你：

（1）从文字产生的历史来看，文字的本质就是表达画面。

在远古时代，如果一个人猎杀一个猎物回来，全村人都会很高兴，因为终于有食物吃了。但是高兴归高兴，他们并不会激动，什么时候才会激动呢？当这个人告诉他们猎杀的过程是如何凶险刺激的时候，他们才会有很强的代入感，才会欢呼沸腾。描述猎杀的过程，就是语言产生的过程。

但是有语言就够了吗？当然不够，在众人倾听沸腾的刺激之下，这个猎人可能会萌生一个念头："我的英雄故事要被更多人看到，甚至子子孙孙都能看到！"怎么办呢？他想了一个办法：把他猎杀的整个过程简略地画在山洞的石壁上。

不用我说你也猜到了，这就是最早的象形文字。你看，文字的出现，就是为了描述画面服务的。

无论时代怎么发展，文字如何迭代，文字的出现都是和描述画面紧密相关的。文字一旦失去了描述画面的能力，注定是苍白无力的。

（2）能带给人画面感的文字，才是真正的文字艺术。

写作本质上是一种艺术创造活动。

有画面感的写作者都有两个世界：一个是现实世界，另一个是想象世界。

他写出的文字会在虚无当中为你展开一幅画面，让你去另外一个世界小憩一会儿。

没有画面感的写作者只有一个世界，那就是现实世界。没有画面感，很大程度上是因为你缺乏观察美和储藏美的能力。

想象一下，如果你写的文字全部是叙述和评价，比如"我今天很累，不开心""生活就是很艰难""优秀的职场人就是要拿高薪资"，这样的文字怎么会给别人构筑另外一个可想象的空间呢？如果连"境"都没有，怎么能让人有身临其境的感觉呢？

（3）具有画面感的文字，会让人产生信任感。

假如一个人这样说自己生病了："我生病了，特别难受，吃也吃不下，睡也睡不着，希望早点好起来吧。"你会感同身受吗？很可能不会，只是出于礼貌报以慰问。

如果另一个人的表达是："使出全身的力气也拿不起一个塑料水杯，想去沙发上躺一会儿，腿要一点点挪过去才行，好不容易躺在了沙发上，望着上面的白墙，却像坐上了旋转木马，眼晕到想吐。"你是不是仿佛看着这个人去喝水，去找沙发，去和他一起躺在了沙发上？

写作是寻找共鸣的过程，是以心换心的过程。当你用叙述和评价这类文字在读者面前建立起一堵墙的时候，读者也定不会把真心、真情给你。当文字不能让人产生信任感的时候，交流也就被阻断了。

3. 怎样才能让文章有画面感呢？

在这里，我给大家介绍 3 种我日常会用的很有效的方法。

（1）写作的时候，想象你的肩上架着一台摄像机，只写摄像机能够拍下来的东西，不能拍下来的东西就不写。

比如此刻，我要写我们家吃饭的文章，我肩上的摄像机拍摄下来的是：锅里蹭蹭冒着热气，我爸在给我盛饭；小狗正在厨房的垃圾堆里找吃的，妈妈走过去，把它赶走了；弟弟和爸爸在吵架，弟弟质问爸爸为什么每次都给他盛这么多饭……这就是摄像机可以拍下来的，我就可以写下来，然后用这些画面为我想要表达的主题服务。

"吃饭的过程是特别开心而温暖的，这就是家的意义吧，我很爱我的家。"这种评价感受型的内容摄像机是拍不下来的，就尽量不要写了。

每次写作时，都把摄像机扛起来，"拍"的东西多了，写得也就越来越好了。

（2）听觉、视觉、味觉等多种感觉都用上。

我们普通人写吃早餐，一般会写："豆腐脑和油条特别好吃，绝佳的搭配，吃下去，一上午都沉浸在满足中。"这就是没有画面感，没有听觉、味觉，什么感觉都没有。

作家张佳玮是这样写早餐的："油条配豆浆是常态。油条拧出来时，白油滑一条；下了锅，转黄变脆，捞起来咬，刺啦一声。油条两头尖，最脆而韧，蘸酱油吃妙得很。"是不是听觉、视觉、味觉全都有了，你隔着文字，都好像听到了"刺啦"的声音。

只要你的文字用上了多种感觉，一定是有画面感的。

（3）把抽象词语都换成具象词语。

写作就是用具象的词语去描述抽象事物的过程。当你多用具体的名词，少用抽象的形容词的时候，就很容易让人产生画面感。

作家阿城描述一个人爱吃时，是这样写的：

"拿到饭后，马上就开始吃，吃得很快，喉结一缩一缩的，脸上绷满了筋。常常突然停下来，很小心地将嘴边或下巴上的饭粒儿和汤水油花儿用整个儿食指抹进嘴里。若饭粒儿落在衣服上，就马上一按，拈进嘴里。若一个没按住，饭粒儿由衣服上掉下地，他也立刻双脚不再移动，转了上身找……有一次，他在下棋，左手轻轻地叩茶几。一粒干缩了的饭粒儿也轻轻地小声跳着。他一下注意到了，就迅速将那个饭粒儿放进嘴里，腮上立刻显出筋络。我知道这种干饭粒儿很容易嵌到槽牙里，巴在那儿，舌头是赶它不出的。果然，呆了一会儿，他就伸手到嘴里去抠。终于嚼完，和着一大股口水，'咕'地一声儿咽下去，喉结慢慢地移下来，眼睛里有了泪花。"

这个爱吃的人是不是活灵活现地出现在你眼前了。他没有用一个抽象的形容词，都是用动词、名词来具象地描述这个人。

还记得我们从小就背诵的那首小令吗？

"枯藤老树昏鸦，小桥流水人家，古道西风瘦马。夕阳西下，断肠人在天涯。"

整首小令用的全是具体的名词，寥寥数笔就描绘出了充满意境的场景，画面感极佳。

华丽的辞藻堆不出画面感，反而会让文字显得更劣质。你看，优秀的作品，都是用简单、具体的词语营造高级感的。

创意小练笔

此刻，把"摄像机"架在你肩上，写出它拍下的画面吧！

_____

_____

_____

_____

_____

_____

(02)

故事思维：人人都爱听故事

第二个底层逻辑就是故事思维。这个思维不仅适用于写作，也适用于许多商业场景，甚至有些人说"商业的本质就是讲故事"。

我们依然分 3 个部分展开：什么是故事思维？为什么故事思维这么重要？怎样才能写出好故事？

1. 什么是故事思维？

故事思维，顾名思义，就是"讲故事的思维"。

日常生活中，我们就是以讲故事的方式来处理现实生活中遇到的实际问题的。比如《阿凡提的故事》，作者就是把千千万万的劳动人民带入自己创作的阿凡提形象中，以此来表达对家庭琐事、生老病死、冒险意外的认识的。

写作就是以讲故事的方式来表达自己的观点。比如你的观点是"做人要真实"，如果你全篇都在论述、谈观点，那么读者很可能看不下去；但如果你用自己的故事、父母的故事、你在新闻看到的故事来表达这个观点，大家很可能看得津津有味，并且愿意接受你的观点。

为什么谈观点大家都不喜欢看，而讲故事大家都喜欢听呢？

这就涉及我们的第二个问题：为什么故事思维这么重要？

2. 为什么故事思维这么重要？

我觉得有两个底层原因。

（1）人类就是靠讲故事"征服地球"的。

如果你看过《人类简史》，一定会对里面的一个观点印象深刻：人类社会是构建于虚构的故事之上的，整个人类社会发展的前提是发达的"讲故事"的能力。

书中举了一个很形象的例子。你对一只猩猩说："如果你把手里的香蕉给我，你的这个善举会帮助你死后灵魂去往另一个世界，那里会有无穷无尽的香蕉。"猩猩肯定不会搭理你，但是人类会。依靠这种"讲故事"和"相信故事"的能力，原始部落可以突破 150 人的人数上限，让展开大规模协作有了可能。

你仔细想想，现在的我们是否也生活在一个"故事"中呢？确切地说，我们生活在互联网的故事中。互联网是一个看不见摸不着的存在，可是我们那么相信它，并且每天在上面花费大量的时间。你看，我们都是生活在"故事"中。

如果你小时候听着奶奶讲的故事入睡过，如果你曾对爱情展开过美好的想象，你肯定会明白：作为人类，怎么可以逃离故事呢？

（2）从记忆基因来说，我们能记住的大部分内容都是故事。

罗伯特·麦基说，故事是人类交流的货币。你想象一个场景：两个不熟悉的人坐在一起，他们如何交流呢？我觉得方法之一就是说故事，故事的内容形象具体，而且拥有耐人寻味的想象力，每个人都可以从故事中找到沟通的路径。

没有人不爱听一个有趣的故事，这种天性决定了在一些场合，故事会胜于事实，情感会胜于逻辑。亚里士多德说，我们无法通过智力去影响别人，而情感却能做到这一点。现实中，情感一定是通过故事传递的。

　　回想一下：小时候奶奶给你讲的那些道理，你可能完全不记得了，但是奶奶讲的故事是否一直留在你心里；上学后你学了很多道理，后来大都忘记了，但是各种神话故事、节日故事，却能信手拈来。

3. 怎样才能写出好故事？

　　这是一个非常大的课题，我给出 3 个可以让你立刻上手的方法。

　　（1）在日常说话的时候，注意能讲故事就讲故事，坚决不讲道理。当我们把每天遇到的新鲜事讲给家人、朋友听时，讲着讲着，就会养成观察身边事物的好习惯。

　　读中学时，每天中午回家吃午饭是我最开心的事，因为我可以把在学校遇到的事情讲给父母听。这个习惯我延续至今，每次在外面遇到新鲜事，都叽叽喳喳地讲给家里人听，虽然我被家人认为"不稳重"，但手舞足蹈、带着感情地讲自己遇到的新鲜事，给我的写作提供了很大的帮助。

　　（2）多读小说，长篇、短篇都可以。把自己浸泡在故事中，慢慢地，我们讲故事的感觉就会越来越好。

　　（3）每次写文章的时候，都先讲一个故事，养成"提笔就写故事"的习惯。你也可以在朋友圈里讲故事。也许最开始你写的故事很不成熟，没关系，养成这种习惯才是重要的。

　　其实，每个人天生都会讲故事，只是后来，这个技能慢慢被隐藏了，我们现在需要做的就是把它"召唤"出来，用它来创造一个精彩的世界。

创意小练笔

把最近发生在你身边的一件小事记录下来吧，哪怕只是描述一
个片段。

_____

_____

_____

_____

_____

_____

03

逻辑思维：这样写才不跑题！

　　第三个底层逻辑就是逻辑思维。写作中的逻辑思维，是指你的文章要有框架，要层次分明、娓娓道来。我们经常说的"这篇文章写着写着就跑偏了"，就是没有掌握好写作的逻辑。

　　为什么有些人写作时的逻辑思维能力比较差呢？有两个很容易被忽视的原因。

　　一个原因是我们学习中文语法大多是在小学阶段，到了中学，这些语法训练就从我们的课程里逐渐消失了。换个角度，你回忆一下学习英语的过程，是不是大部分时间都用在了学语法上？语法就是一种逻辑。很多中国人写英文文章比写中文文章看上去更有逻辑，很可能是因为受过严格的英文语法训练，而在中文语法方面有所欠缺。

　　另一个原因是缺乏知识和经验的积累。为什么写着写着就跑题了？很可能你写的是一个还没想明白、拎清楚的主题。对主题认识不够时，你只能东拼西凑，跑偏是大概率的，不跑偏是小概率的。

　　有没有一些办法可以提高写作的逻辑思维能力呢？

　　一般来说，写文章时有两种逻辑：一种是大逻辑，也就是篇幅之间的逻辑；另一种是小逻辑，也就是具体到每一句话的遣词造句的逻辑。

　　我们先来看 3 种改善大逻辑的方法。

　　改善大逻辑的方法一：从操作流程上来看，要养成列提纲或思维导图的习惯。

　　我写了上百万字，没有一篇文章是不列提纲的。尤其是最近几年，我从列提纲进化到了列思维导图。思维导图相对来说更形象、更细致，列得越细，文章写起来就越容易。

　　如果你列不出大纲或思维导图，那就不要下笔，因为你还没有想清楚。

　　改善大逻辑的方法二：多练习"一篇文章只讲一件事"。

　　文章之所以逻辑不清楚，很可能是文章中想要讲的事情太多。本来要讲自己读书的事情，忽然想起来自己读书之前还和朋友打了个电话，就把打电话的内容也写进去了，文章就显得很乱。

　　单讲一件事，文章便清清爽爽。等写得熟练了，可以尝试在一篇文章中讲多件事情来共同论证某一个主题。这听起来很容易，做起来却很难。

　　比如下面这位同学写的前三段内容：

　　第一段的主题是"工作中的忙碌"，第三段的主题是"工作中的忙碌"，中间却插了一段"我要写作业"的内容。"工作中的忙碌"和"我要写作业"是两件事，虽然也有关联，但处理不好，就会逻辑不通。其实全篇只讲"工作中的忙碌"就可以了。

　　"从元旦过后到现在，几乎天天都在忙公司的事情！先是公司新办公室装修进度的跟踪，再到装修过程中各种细节的确认、电话网络的移机准备、搬家公司的安排……"（这一段的主题是"工作中的忙碌"）

　　"今天的作业是刚刚下班没多久跟陈先生在火锅店里写的，我让

他点菜，自己要写作业。不管怎么样，完成陪伴营的作业是我对自己最低的要求了！"（这一段穿插了"我要写作业"的内容）

"最近真的是特别忙，公司的装修都是自己在监工，整体的安排、细节的沟通等也要负责。我每天的压力都很大，真怕一个环节没做好，其他都白费。昨天已经沟通好明天进办公家具，却因为天气太冷、地板没办法铺，导致工期要延后一两天。有时候急得像热锅上的蚂蚁，可是又无能为力。"（这一段又回到主题"工作中的忙碌"）

改善大逻辑的方法三：使用"事件＋评价"的方法，让文章逻辑清晰。

讲完一件事情后，再做评价，会让文章很有逻辑。但很多人却是先讲一部分事件，接着就做评价，评价完后再接着讲另一部分事件。这种事件和评价互相穿插的写法，在写作者自身逻辑思维能力不是很强的时候，会让文章看起来很糟糕。

比如有人写自己回家的事情，先讲"自己加班到很晚回家，在门外听到孩子哭的声音"这件事，接着就开始评价"自己很难过，没有花很多时间陪伴孩子"，然后接着写"在门外站着等开门"的事情。也就是说，她在讲自己站在门外等开门这件事的时候，中间突然插了一段评价，这个故事的讲述节奏就被打乱了。

所以，她不如在讲完整件事情后，再说"因为缺少对孩子的陪伴，自己感到很难过"之类的评价。

如同一个人的打扮一样，大逻辑就是我们的衣服，衣服搭配没有大问题，这个人看起来就不错；而小逻辑如同耳饰、项链等小细节，只有细节处理得好，才能显示出这个人真正的气质。

下面介绍两种改善小逻辑的方法。

改善小逻辑的方法一：遵循主语一致原则。

一句话表意是否明确，首先要看它的主语是否清晰。对于写作小白来说，主语一致，可以让表达更准确。

比如下面这段话：

"不久前，家里亲戚又给男孩介绍了一位女孩，见面地点是男孩家里，两人据说是一见钟情，女孩每天下班都找男孩约会。男孩妈妈劝他们赶紧订婚，女孩常和男孩约会，现在他们订婚了……"

你看，100字左右的段落里，一会儿主语是家里亲戚，一会儿是两人，一会儿是女孩，一会儿是男孩妈妈，一会儿是女孩……主语异常错乱，导致你能看明白是什么事儿，但仔细一想，就会不舒服。

遵循主语一致原则，可以这样更改："不久前，家里亲戚又给男孩介绍了一位女孩。女孩与男孩在家里见面后，对男孩一见钟情，每天下班都找男孩约会，致使男孩妈妈劝他们赶紧订婚。没过多久，女孩和男孩订婚了。"在这段话里，主语多为"女孩"，读起来就会流畅很多。

但你也会发现这段文字中缺少了很多关键信息，导致我们对这个故事没有很深的感触。为什么会缺少关键信息呢？因为作者在写作时不注重逻辑，只凭借自己的感受来写，写作很忘我，但却没有告知读者事情的关键信息。

所以你看，为什么要注重逻辑？因为只有这样，你才能说出重点，也才能让大家真正明白你想要表达的内容。

改善小逻辑的方法二：正确运用连接语。

文章是否通顺，还在于你能否正确运用连接语，能否将信息之间的前后联系明确地传达给读者。连接语是逻辑表达的螺丝钉，在关键位置发挥着很重要的作用。

连接语既包括"不但……而且……""因为……所以……"等常

用词语，也包括"时间一长""三年后""物是人非"等能把看似不相关的东西联系起来的短语。

　　还是那句话，最核心的逻辑思维能力是你对事物的清晰认知，这是写作送给你最好的礼物。长期练习写作可以极大地增强一个人的逻辑思维能力，因为你会对事物有更深的思考。著名作家、哲学家维特根斯坦说："事实的逻辑图像是思想。"希望我们都可以成为一个有思想魅力的人。

创意小练笔

找出你写的任意一篇文章，看看是否有逻辑问题，选择本节的任意一种方法进行修改练习。

_____

_____

_____

_____

_____

04

产品经理思维：作品就是你的产品

第四个底层逻辑就是产品经理思维。有人看到这里可能会好奇：写作和产品经理有什么关系？这就是写作有意思的地方，它和世间万物都是相通的。

我们分两个部分来展开：什么是产品经理思维？如何在写作中使用产品经理思维？

1. 什么是产品经理思维？

很多公司都有产品部，也有很多位产品经理。产品经理的核心职责就是深度挖掘用户的需求，对产品进行规划、完善和开发。

用产品人梁宁老师的话来说，产品经理必须有 3 样东西：一双眼睛、一双手、一颗心。

一双眼睛是指发现痛点、找到破局点的敏锐之眼。

一双手是指动手优化、着手改变的行动之手。

一颗心是指洞察人的同理心，懂得自己，懂得用户，懂得产品的每个细微处带给人的满足感、确认感和依赖感。

写作者也是一样，文章就是我们的产品，我们要深度挖掘读者的需求，对文章进行写作、完善和发表；要用一双眼睛去发现读者的痛点；要用一双手写出痛点，并且给出某种解决方案；还要用一颗心看到事情的本质，并通过文章抚慰读者的心。

文章之于写作者，如同产品之于产品经理。

这时，你就能明白电影《一代宗师》里的那句话："习武之人有3个阶段——见自己，见天地，见众生。"你之所以从来没有产品经理思维，可能是因为你一直停留在第一个阶段——见自己。不去抓住读者的痛点，只写自己想写的，注定了你的"产品"不受欢迎。要想被更多的人看到和喜欢，你就要慢慢过渡到"见天地，见众生"的阶段，破除"小我"，去书写真正的人间。

2. 如何在写作中使用产品经理思维？

写作者可以参考产品经理生产一款产品的流程来写作，大致分为以下6步：

第一步，找到自己的定位。

每个产品经理擅长的领域是不一样的，有些擅长研发互联网产品，有些擅长研发生活用品，有些擅长研发艺术品，所以很多产品经理跳槽都是在相同领域内。

作为写作者的我们也是一样的，我们不可能对每个写作领域都非常熟悉，找到自己的定位很重要。

有些写作者既是妈妈，又是老师，她就很想把自己定位在亲子写作领域；有些写作者是职场人士，她可能会定位在职场写作领域；有些写作者擅长写文案，她就可以定位在文案写作领域。我将自己定位在女性成长类写作领域，10年过去，我还在这个领域深耕着。

写作者可以粗略地找一下自己的定位，在"你喜欢的"和"你擅长的"之间取一个中间值。把握不好也没关系，你可以先写上几个月，然后把几十篇文章放在一起，一眼就可以看出来自己更适合哪个领域。

第二步，找到用户的痛点。

比如你定位在亲子写作领域，就要想"亲子之间的痛点是什么"。

以下两种方式可以帮助你：

第一种方式是问问自己，"我和孩子之间最大的问题是什么"，一般你的答案就是大多数父母的答案。

第二种方式是去找有孩子的朋友聊一聊，或者上网查一查亲子之间最值得关心的问题是哪些。做完这个功课之后再去写，就不会隔靴搔痒。

第三步，写出来，哪怕它不完美。

如果一个产品经理一直在找痛点，但就是不生产产品，那就是纸上谈兵而已。写作者也一样，找到痛点之后先把文章写完，哪怕不完美，也可以再修改、完善。

第四步，找到合适的平台发表。

每个产品都有属于自己的销售渠道，有的适合线上销售，有的适合线下销售，有的适合外贸销售。

文章也一样，有的文章适合发表在 A 平台，有的适合发表在 B 平台。每个平台的调性不同，找到适合你文章气质的平台也很重要。

第五步，重视读者反馈。

这是很多写作者会忽视的，从而导致文章停留在了第四步。

文章是写给读者看的，读者的反馈至关重要。你要相信，只要文章好，读者就会给你好的反馈。如果你的文章没有读者反馈，说明要么写得很一般，要么没有说到痛点。如果你的文章有些差评，那你就在差评中成长，这篇文章差评中提到的问题要在下一篇文章改掉。几乎所有写作者都是在和读者的互动中成长的，不要不在乎你的读者，他们对你的写作很有帮助。

第六步，持续更新迭代，形成品牌。

一家公司不能只卖一款产品，如果不去研发或迭代新的产品，哪怕是爆款也很容易过时，形成品牌才是长久之道。

如果你的一篇文章成了爆款，那就去创造更多爆款，长久深耕下去，才能一点点形成个人品牌。如今，很少有作者是靠一篇文章出名的，这是场持久战，值得你用心准备。

创意小练笔

按照上面 6 个步骤，给自己的"写作产品"初步梳理一套"产品逻辑"吧！

_____

_____

_____

_____

_____

3

文章的选题：
一锤定音

① 01

选题"雷达"：万物皆可写

写作是一个持续输出的过程，很多作家写作的时间都长达 10 年、20 年。

可能有人会疑惑：他们怎么有那么多东西可以写？

答案其实很简单：在自己身上安装一个"雷达"，监测生活中有意思的事情，让其成为写作的选题。

例如，和朋友吵架了，谈恋爱了，看到一个很有意思的路人，今天的阳光让你想起某个人，回奶奶家路过的一条河流，出去办事刚好遇上瓢泼大雨等，生活中的点滴都可以成为宝贵的写作选题。选题是一篇文章的"核"，有着一锤定音的功能，创作前，选题先行。有了选题后，创作就变得简单了。

老舍说："有什么写什么，有多少写多少。"

周国平说："作家是世界上最勤快的人，因为他总是处于工作状态，不是在写作，就是在为写作积累素材的路上。"

这些享誉文坛的作家用自己的方式告诉我们：只要用心观察，生活中处处是素材，处处是选题。

细究之下，万事皆可写，但为什么大家依然抓破脑袋也找不到选题、写不出文章呢？主要有以下4个原因：

●你对选题的理解有可能是错误的。

例如，在很多人的观念里，"认知贫困是一个人最大的贫困"这样的选题要比"今天中午我和老公吵了一架"的选题高级，导致他们越是想要写高级的选题，越是写不出来。

但事实是，"今天中午我和老公吵了一架"也很值得写，这个选题可以引发对亲密关系的讨论，也能启发读者进行自我成长的反思，甚至可以引申为对当下婚姻形态的思考。

所有的选题都是平等的，都值得认真书写。

●读书太少，思考太少，以致看到选题时无法展开联想和想象。

以"今天中午我和老公吵了一架"为例，在很多人眼里，事情发生了就完了，没有进行深入的思考，没有对这件事的起因、过程、解决方法、双方的态度进行探究，这其实很可惜。

为什么你对这件事没有思考呢？很大一部分原因是你对生活中稀松平常的事没有感知力，眼里只看见事情的琐碎，没有参透其本质。

●没有把选题意识变成"肌肉记忆"。

一个写作者，每天都要琢磨写什么，就像以采蘑菇为生的小姑娘每天都要在山里采蘑菇一样，时间一久，"采蘑菇"就成了小姑娘的肌肉记忆。

优秀的写作者平时不一定会抱着刻意找选题的心态生活，但是当她的生活中发生了一些有意思的事情时，她都能敏锐地感觉出"这个不错，值得一写"。

写作者可以先抱着刻意找选题的心态生活，直到对选题的敏感性成为你的下意识反应，选题就会自然而然地进入你的视野。

●没有建立选题库的意识。

有时候工作比较忙，一个选题恰巧在你脑海中闪现，却没有时间马上写，这时该怎么办呢？

你要做的不是告诉自己之后有时间再写，因为你大概率会忘记。你应该立刻把它写进选题库，无论是电子版本的选题库还是纸质版本的选题库，都可以。先记下来，然后定期整理选题库，这样你在写作时就可以随时调取。

从上述 4 个原因中你会发现，根本的解决办法是增强自己的思考能力，这样当你看到一个选题时，才有东西可写。

接下来我们要解决的问题是，零基础写作"小白"如何才能拥有源源不断的选题。分享给你两个简单实用的办法。

●随身带一个笔记本，遇到有意思的事情就记下来，建立自己的选题库。

我有一位做自媒体的朋友说，他每次跟别人聊天时，听到金句，就立马拿出笔记本记下来，边记边感叹"这一句话是个好选题"。

"好记性不如烂笔头"，随身携带一个记录选题的笔记本，就像带着一个移动的"选题宝库"，能为你收藏取之不尽、用之不竭的写作素材。

●养成吐槽的习惯。

人是冲突的产物，越是有冲突的时候，越能激发群体的创意。如果你遇到的事情让你有感而发，让你想找个人吐槽，那一定不要吝于表达。对于同一件事，每个人都有自己的观点和立场，保持吐槽的热情和争论的欲望，能够刺激一个人多维度和深层次地思考一个问题。

作为写作者，我们要牢记，碰撞、冲突可以激发创意，会让人产生情绪，而创意和情绪的背后，正是萌生的选题。

创意小练笔

请你开启选题"雷达"，观察自己一天中发生的事情，看看到底能筛选出多少选题。认真观察并记录下你的所见所感，你会真切地发现"万物皆可写"。

_____

_____

_____

_____

_____

02

实操练习：从普通的一天中发现选题

在选题领域，有个词叫作"选题感"。想要频繁写出打动人心的选题，需要长期的观察和积累，让"选题感"成为你感知的一部分。

这一节，我们以普通的一天为例，带领大家进行实操训练。

第一步，先在笔记本上罗列这一天发生的重要事情：

●中午有一个人来报名课程，我教他使用某个软件，但他怎么也学不会。我已经把"小白"可能遇到的问题都给他讲清楚了，但还是没用，我产生了深深的无力感。

●昨天下午我们去玉渊潭踏春了，还划了船。

●昨晚和男朋友出去吃饭了，吃饭的时候聊了很多过去的事。

第二步，看看从这些印象深刻的事情中，自己能得出什么感受或心得。

从报名课程的事情中，我总结了两个心得：

●人和人之间的学习能力差距是很大的。

●要继续提升个人"忍耐力"，你熟悉的领域很可能是别人陌生的领域。

去玉渊潭踏春，我也有两个心得：

●本来我特别信任男朋友的划船能力，但他一开始就撞上了别人的船，我就变得不那么信任他了，整个过程都很紧张。这说明培养信任很难，但破坏信任很简单。

●工作日的公园里依然有几千人，这些人大多是自由职业者。在这个时代，越来越多的人选择了自己喜欢的工作方式。

和男朋友吃饭，我的心得如下：

吃饭时，男朋友提到："还记得吗？两年前我带你去国家体育场和水立方的时候，你说想要创业，还希望我能帮助你。那时候我们俩都还稳稳当当地上班，转眼间，咱们的梦想都实现了。"对此，我的心得是无论什么年纪、什么状态，人都要勇敢去追梦。

第三步，确定创作选题。

我们从上面 5 个心得中选择一个作为文章的主题，也就是确定创作的选题。选择好选题可以从以下 3 个方面着手：

●哪一个心得让你特别想要分享。

当你讲自己迫不及待想要分享的东西时，情绪总是饱满的，写出来的文字会自带光芒。这一点也是打动人心的关键。

●哪一个心得能为别人提供帮助。

这种帮助分为两种，一种是能为别人提供解决方案，另一种是能为别人带来正能量。

●哪一个心得是你有能力展开讨论的。

上述 3 个方面能带来抛砖引玉的作用，但是要写成一篇文章需要很多案例辅佐，写之前你需要思考这两个问题："我真的熟悉这个选题吗？展开写的时候，我有足够的素材可以说吗？"

基于以上 3 个方面，我会选择"无论什么年纪、什么状态，都要勇敢去追梦"这个主题来写作。

第四步，开始列框架、找素材、写文章。

通过上述找选题的方法，你是否发现生活处处皆素材、放眼风物皆文章？其实，只要你用心观察，就不愁没有选题可以写。

创意小练笔

按照上述 4 个步骤，梳理一下今天你能创作的选题，然后简单写一篇文章。

重要的不是文章写得有多好，而是找到找选题的感觉。

_____

_____

_____

_____

_____

03

提高选题敏感度的 5 个方法

如何张开选题触角，提高选题敏感度呢？你可以试试以下 5 个方法：

第一个方法，每天抽出固定的时间看新闻热点。

新闻热点往往是大家感兴趣的，经常看这类内容，有助于你对"什么内容大家更感兴趣"做出判断。

例如，有人每天都会看新浪微博的榜单，有人喜欢看知乎的热榜内容，有人喜欢看抖音的热门视频，有人爱看音乐平台的歌曲评论，有人习惯看微信文章，等等。

写作者可以选择 1～2 个平台，每天定时看热点，了解什么内容容易受关注，这是提高选题敏感度的每日必修课程。

第二个方法，看完热点复述给身边的人听。

可能有人会问："我每天也花很多时间看新闻热点，怎么还是没有选题可以写呢？"

主要原因在于，你没有把它内化成自己的东西。简而言之，你没有在热点事件中融入自己的认知和判断。

比如某综艺节目的女嘉宾，她在镜头前是女强人，在镜头后却是喜欢嘟嘟嘴的小女生。如果你要把该热点复述给朋友听，就要加入自己的认知和判断。

具体如下：

女人是不是在家里要"傻"一点才比较好？

在家里要不要"演戏"？

给别人复述热点、带出自己的观点时，也能激发观点的讨论和碰撞。如果别人说了一个你完全没有想过的角度，你就可以把握住。

第三个方法，把你对热点的看法以片段的形式写下来。

"好记性不如烂笔头"，你看了热点，也对热点有了想法，但如果没有写下来，就会让你的收获率下降许多。只有写下来，你的感受才能更系统，经过长期训练后，写作对你来说就会是件很简单的事情。

当然，你也不必每一次看到热点后都发表长篇大论，写 100 个字就很好，可以把它发在朋友圈、微博等你习惯使用的社交媒体上。

第四个方法，培养垂直领域的阅读习惯。

如果你想成为深耕某个垂直领域的写作者，就要养成每天看这个垂直领域选题的习惯。

例如，你想成为亲子领域的写作者，可以关注 10 个亲子领域的账号，每天有空就去看一下他们在写什么样的选题；你想成为美妆领域的写作者，可以关注 10 个美妆领域的账号，了解他们的选题和数据。

相对来说，垂直领域的选题敏感度更好培养，这就要求大家尽快找到适合自己的方向，着眼于某一个细分领域。

第五个方法，用关键词法建立自己的选题库。

这个方法是针对在垂直领域深耕的写作者来说的。当你在某个垂直领域深耕时，持续收集该领域的关键词、热点选题，对你之后写作的帮助会非常大。这样努力三四年，你的选题库会非常丰富，足够让你成为一位专业的写作者。

如果你是女性成长领域的写作者，就可以创建一个储存上千个关键词的女性成长选题库，里面可以储存"生孩子""女性消费""女性买房""女性离婚"等关键词。以后写作时，你一般不需要额外去找选题，只需在选题库里面寻找就可以了。

你看，很多人不是写不好，而是准备得不够充分。

在写作中，天赋只占很小的比重，最重要的是持续训练，提高综合素质。

最后我想说：你有能力理解多少人，你就有能力影响多少人。

提高选题敏感度，本质上就是在提升你对人的理解能力，这样你的文字也会传递到更多人的心中。

创意小练笔

请你选择两条最近发生的新闻，把新闻复述给你身边的同事或朋友听，坚持一周，然后把这一周的感受记录下来。

04

4 种自媒体写作爆款选题思路

当下的社会是自媒体高度发达的社会，如果想要在自媒体写作上有比较好的表现，你就要有一定的爆款选题策划能力，这样读者才可能在众多的选择中为你停留。

下面分享 4 种自媒体写作爆款选题的思路。

第一种，热点选题。

热点选题就是当下什么热门写什么。这个热门可以是有热度的人、有热度的事件、有热度的地方。

应特别关注的是，根据热点选题撰写文章需要注意以下两点。

第一，热点选题对作者的撰写速度的要求比较高，作者写这种类型的文章既在拼速度，也在拼效率。当一个热点新闻出来的时候，作者能否快速找到"不流俗"的切入角度，是一篇文章能否被读者喜欢的关键。

因为你快别人也快，你唯一能做的就是在快的同时做到观点或切入角度特别，找出与众不同的写作视角。

第二，热点选题类的文章容易过时，热点一过，这篇文章基本上就不能用了。但选择放弃这一条路，也就意味着放弃了一条获得流量的道路，有得必有舍，具体看作者自己如何抉择。

第二种，干货类的选题。

随着社会的快速发展，人们发现自己的知识储备远远不够，所以他们愿意花钱去买经验、为自己争取时间。于是在各种自媒体平台上，干货类的选题非常多。

所谓干货类的选题，就是你向别人分享经验、方法的选题。

比如你的阅读速度非常快，就可以向大家分享"几步教你快速阅读"；或者你在画漫画方面很有经验，就可以向大家分享"画漫画的几种方式"，也就是用亲身经历来给予别人具体的指导建议。

这些选题主要是向别人输出干货的，要写好这类选题，作者需要有一个特别擅长的技能。这个技能就足够你写出很多篇文章。

举例如下：

"被裁员后，我如何找到了年薪 50 万元的工作"；

"如何开一个高效的工作会议"；

"一年'涨粉'3000 万，这份抖音'涨粉'秘籍请查收"；

"26 岁，月入 6 万元：这届年轻人做副业有多厉害？"。

很多人之所以写不好这类文章，是因为专业能力不够强，写了几篇文章以后就觉得没有内容可写了。

应特别关注的是，自身专业技能过硬，是写好这类文章的前提。

第三种，痛点类的选题。

建议大家多尝试写这一类型的选题。如果能把这类选题写好，你基本就能把握好自媒体写作了。你可以思考这样一个问题：一个人会对让自己快乐的事情比较敏感，还是对让自己痛苦的事情比较敏感呢？

对于大部分人来说，答案是后者，这就是为什么分手让你印象深刻，而恋爱中的"小确幸"却时常被你忽视。

痛点类选题的写作，就是找到并指出某类人群的痛点，给他们以建议或安慰。

如果你是一位亲子领域的作者，所面对的群体往往是妈妈。让妈妈感觉最痛的事情是什么？首先是孩子身体不好，其次是孩子学习成绩不好，最后是孩子性格不好，等等。所以你在写痛点类选题时，就可以从这些角度入手。

如果你是一位恋爱领域的作者，可以想想年轻人在恋爱上最痛的事情是什么。可能是遇不到合适的人或没时间谈恋爱，那你就可以从这方面入手。

痛点类选题可以简单地理解为让某类群体产生强烈共鸣的选题。进行这类选题的写作，最难的部分就是你要对痛点敏感，有能力发现真正的痛点。

如果你想达到这样的状态，分享给你一个非常好用的方法：多去看一些阅读量为"10 万 +"的文章，把它们选题中的关键词抽出来，比如"自律""拖延"等，这一般就是痛点。随着时间的积累，你慢慢可以形成自己的"痛点关键词库"；随着词库中的关键词越来越多，你对痛点的敏感度也会越来越高。

第四种，打破常识类的选题。

我自己经常写这类选题，比如我写过的：

《迷茫，就是才华配不上梦想》；

《女孩，要过几年一个人的生活》；

《贫穷不可怕，贫穷的思维才可怕》。

上述文章标题包含以下两个信息：

一是痛点，"迷茫""一个人的生活""贫穷"都是痛点；

二是这些文章虽然在谈痛点，但是其表达的观念和大多数人的认知是不太一样的，也就是和人们的常规认知是不一样的，能够让人产生眼前一亮的感觉。

我写的类似的文章如下：

《成年人的关系"潜规则"：舒服》；

《朋友越多，越不敢发朋友圈》。

仔细观察这些选题，我们会发现每个选题都有点儿颠覆传统的认知。

如何写好这类打破常识的选题呢？最重要的就是你的生活经历、阅读体验是独特的。如果你和别人做一样的事，读一样的书，怎么能写出和别人不一样的东西呢？

应特别关注的是，世间的任何道理都能自圆其说，就看你有没有能力把它说得逻辑通畅、深入人心。

说到底，打破常识类的选题考查的是你对世界的认知，你读过的书、见过的人、去过的地方。因此，默默地增强自己的软实力，才是写作的王道。

创意小练笔

拿出你之前写的任意一篇文章，看看能否用"打破常识"的方法再写一次。

_____

_____

_____

_____

05

3 个方法，写出让人眼前一亮的标题

如果选题是文章的核，那么标题就是文章的"门面"。标题是直接展示选题的，在讲完选题之后，我来给大家分享一下标题的写法。就像每个人都想拥有好听的名字一样，每篇文章也需要有一个好的标题。

这里着重给大家分享 3 个方法，我把它们分为 A、B、C 这 3 个等级，相对较好的是 A 级，差一些的是 C 级。

我们先来看 C 级，我把这个方法称为"情感共鸣、温柔抚慰法"。

咱们先来看下面这些标题：

"你是什么样的人，就会遇到什么样的人"；

"格局越大的人越谦卑"；

"女人有骨气，才会有底气"；

"春天的风，是一场浪漫的邂逅"。

这类标题的特点是直接表明观点或感受，也就是简单概括了文章的中心思想、选题，这是我们经常用的方法。这类标题不会出错，但也不会出彩，仅仅起到了"情感共鸣、温柔抚慰"的作用而已。

B 级方法就是"引发好奇法"，也就是大家看了你的标题后会觉得好奇，愿意仔细看一看。

B 级方法中包含 4 种可以引发大家好奇的写作方式。

第一种方式是在标题中用"是什么"，比如"比财富自由更重要的是……"，使大家对答案产生好奇。

第二种方式是在标题中用"为什么"，比如"为什么下班越早，工资越高""我为什么会辞掉年薪百万元的工作"，也就是用"为什么"来吊人胃口。

第三种方式是在标题中用"怎么办""怎么做"，比如"怎样成为下一个亦舒""第一次去男朋友家要不要洗碗"，让大家一看标题就知道你会在文章中提供解决方案。

第四种方式是在标题中用数字，这个很容易理解。比如"采访 100 对父母：什么样的家庭，才能养出有出息的孩子"，数字会很直观地吸引大家的注意力。

使用 B 级方法写出来的标题，不像使用 C 级方法写出来的标题一样，直接告诉别人这篇文章讲什么，而是制造悬念，引起别人的好奇心，这样能够大大提高文章的点击率。

"引发好奇法"对于绝大多数文章都适用，所以大家可以多多尝试。

A 级方法，我把它称为"颠覆常识法"。

比如标题"有车有房的中年男女最好'欺负'"，这就很颠覆大家的常识，按理说有车有房的人不是很厉害吗？怎么还会被欺负呢？

再如"教育里的骗局，是'鼓吹快乐教育'"，按理说快乐教育不应该被鼓励吗？怎么还成了骗局呢？

又如"那些'认怂'的中年人，才是真的强大"，按理说面对现实、勇于挑战的中年人才是真的强大，怎么"认怂"的人还强大呢？

　　因为颠覆了大家的常识，所以这样的标题就会引发大家的好奇心，进而让大家想要打开文章一探究竟。

　　从某种程度上说，取标题这件事成为"技术活"，就是从自媒体时代开始的，因为作者在自媒体时代要更快速地抢夺读者的注意力。如果你不在乎文章是否被更多人看到，只想写给自己看，那就可以自由自在、随心所欲地取标题；如果你想影响更多人，那文章就要被更多人看到，标题就是你的文章被看到的重要展示窗之一。

创意小练笔

　　选择一个你用"情感共鸣、温柔抚慰法"取的文章标题，用"引发好奇法"和"颠覆常识法"改造试试，可能会有很不一样的感觉。

4

文章的结构：
设计骨架

01

"小白"也可以上手的四大经典结构

文章的结构就是文章的骨架。写文章之前把一篇文章的结构大致想清楚，就可以有的放矢地搜索素材了。如果你已经储备了一些素材，根据文章结构，就能够把这些素材有设计感地串起来了。

文章的结构大都是在"四大经典结构"的基础上适当创新的。很多人的文章之所以看起来混乱，是因为他缺乏结构意识，没有用心设计文章的结构。其实，只要在写文章时任意使用四大经典结构中的一种，文章的层次感就会明显上一个台阶。

第一种结构，总分式。

总分式包括总—分—总、分—分—总、分—总—分—总、分—总等多种形式，但无外乎是"分"和"总"前后顺序的调动。

举个例子，当你想写"为什么年轻人都在谈赚钱，结婚的年龄推迟了"这个选题时，是因为你对这个现象产生很强的共鸣。基于对自己及对身边人的观察，你可以用3个分论点来解释这个现象。这3个分论点如下：

因为一部分年轻人受到失恋的打击；

现在年轻人对是否结婚的态度更加开放；

一些年轻人压力大，希望先"立业"再"成家"。

写这个选题可以直接用分—总的结构，先分别论述 3 个分论点，然后总结、升华主题。

总分式结构适合大多数文章，当你不知道怎么写时，用总分式结构不容易出错。

第二种结构，对比式。

对比式结构，顾名思义就是用一正一反两个案例或观点来论证选题。

例如，你要用对比式结构来写"打杂是一种能力"这个选题：前半部分可以强调"正"，也就是证明会打杂的人有多优秀；后半部分强调"反"，表明不会打杂的人在职场上有多糟糕。这样两个部分就撑起了整篇文章。

使用对比式结构需要特别注意两个小细节。

第一，如果文章只有一正一反两个案例，那两个案例所占的篇幅应差不多，不然会出现"前后不平衡"的阅读体验。

第二，一正一反是对比式结构的基础，但并不意味着一篇文章中只能有一个正案例和一个反案例，也可以有两个正案例和一个反案例，或者有两个反案例和一个正案例。按照你自己后续搜索素材的量，写作时把握好案例的数量即可，但案例一般不超过 4 个。

有对比，文章就会有层次感；有对比，文章的深度就会提高。很多人在写作时，往往写完一个正案例就结束，或者写完一个反案例就结束。这样写，文章会稍微缺点味道。

第三种结构，递进式。

递进式结构比较常见，但很多人在写作时用不上。究其本质，是因为写作者对一个问题没有更深层次的思考。遇到这种情况，写作者可以用以下两个方法来解决：

一个是根本方法：多读书、多思考，增强对这个世界的认知能力。

另一个是应急方法：充分利用网络搜索知识，然后将知识内化为自己的认知。

递进式结构大致可以分为以下两种类型：

第一种是：提出现象—做出分析—得出结论—升华主题。

首先，提出现象，如"今年考研人数又创新高"。然后做出分析，为什么考研人数又创新高：可能是因为，很多人在家无事，所以想要准备研究生考试；或者是因为大家想要提升学历；还可能是高校毕业生的人数逐年增多，为了增强自己的职场竞争力，许多人选择读书深造，等等。

接着可以得出结论：无论什么原因，都表现出年轻人积极奋斗的精神面貌。最后升华主题，比如"当你意识到奋斗是人生常态时，你会收获颇丰"。

第二种是：提出现象—深挖观点—引申案例—升华主题。

首先，提出现象，我们还是以"今年考研人数又创新高"来举例。接下来就是深挖观点，比如挖掘出中国人特别"爱考试"的观点。然后引申案例，比如引申到考公务员、考事业编制等现象上。最后升华主题，比如"参加考试的背后很可能是人对公平的渴求"。

通过上述内容，我们可以得出一个结论：同样一个现象，同样是使用递进式结构，写出来的文章可能完全不一样。

这两种递进式结构类型有明显的区别。第一种就是只围绕着一个点深挖，第二种是从一个点引申出其他的现象。

这两种类型分别考验作者两个不同的方面，第一种类型考验的是作者知识面的深度，第二种类型考验的是作者知识面的广度。

第四种结构，故事型。

故事型结构涵盖的形式多，而且比较难写。在展开讲故事型结构之前，大家必须了解一个词——"起承转合"。我们把"起承转合"放在音乐情景中，就能更好地理解这个词。

"起"＝前奏：营造气氛，构建调式。

"承"＝主歌：铺陈叙事，积累情绪。

"转"＝副歌：叠加高潮，宣泄情绪。

"合"＝尾段：回归叙事，给予留白。

一首歌有起承转合，就有跌宕起伏，一首诗、一篇文章、一个故事也应该如此。

对于一个故事而言，起承转合非常重要。

"起"，是起点，是故事冲突的开始，主要作用是吸引人进入情景。

"承"，是承接，是故事冲突的发展，主要作用是埋下伏笔。

"转"，是转折，是故事冲突的高潮，主要作用是扣人心弦、吊人胃口。

"合"，是合起来，是故事冲突的结束，主要作用是满足读者的期待，给他们一个结果。

古今中外的经典故事，大都符合起承转合的创作逻辑。注意力是极度稀缺的资源，运用好起承转合就能抢夺读者的注意力，让他们在你的故事中沉浸得更久一些。

基于此，故事型结构可以分为正叙、倒叙、插叙这 3 种类型。

第一种类型，正叙。正叙就是按照正常的起承转合顺序来写文章。举个例子：

"我喜欢上了同一个单位的男生，于是我通过各种各样的方式暗示他，但他好像一直不为所动。于是在某一天，按捺不住的我决定正式对他表白。没想到就在我准备向他表白的前一天，他突然离职了，临走时还给我留了一张纸条，谢谢我这么长时间对他的照顾，离职是因为他要和喜欢的女孩结婚了，决定搬到另外一个城市。"

在这个故事中：

"起"就是我喜欢上了这个男生；

"承"就是我通过各种各样的方式暗示他，甚至想向他表白；

"转"就是他突然离职了；

"合"就是他要和喜欢的女孩结婚，搬去另外一个城市生活了。

这其实是司空见惯的故事，日常生活中，符合正常的起承转合顺序的故事非常多。正叙是我们生活中常见的一种故事类型。

第二种类型，倒叙。倒叙也就是按照"合承转起"的结构叙述，先把结果说了，然后再设计细节，让读者一步步进入你的讲述逻辑。这种方法在悬疑小说、侦探小说中比较常见。很多类型都是以"××被杀了"作为开头，然后带你一步步揭开谜底。

我们在电视剧中也经常看到这种桥段：一上来就展示一个神秘的包裹或写有"××被害"的字条，接下来的整个剧情都围绕找到这个故事的"起点"而展开。

倒叙的写作难度相对较大，尤其是在故事情节不够曲折的情况下，特别考验写作者的能力。

第三种类型，插叙。所谓插叙，就是按"起、承1、承2、承3……转、合"的顺序描述。也就是在"承"的部分分出很多小脉络，好像一条路有很多岔路口一样，但即便有很多岔路口，最终也会殊途同归。

你可以把这种结构理解成一棵树，随着它的生长，这棵树有了好多侧枝。但无论怎样，这些侧枝还是属于这棵树，它们共同汲取养分，让这棵树成为一棵参天大树。

我用一则寓言来讲解什么是插叙。

"起"是一个青年画家很想提升自己的绘画能力，于是他来到了市场上，拿出画，让大家帮忙提意见；

"承1"是第一天他在一幅画的旁边放了一支笔，让大家把不足之处标出来；

"承2"是第二天他又在另一幅相同的画旁边放了一支笔，让大家把精彩的地方标出来；

"转"是他把两幅标满记号的画放在一起，发现两幅画几乎都被标得密密麻麻的；

"合"就是这个青年画家从此埋头创作，不再关心别人的评价。

这里的"承"相对于正叙来说多了一些分叉。当然有一些故事因为"承"多了一些，所以"转"也可能不止一个，会出现"转1、转2、转3……"的情况。

四大经典结构是写好文章的基础，只要把这些基础掌握了，训练成熟了，写作就没有那么难了。

现实生活中，有些成年人的写作水平不如中学生，不是因为他们对写作生疏了，而是因为他们有时太无视规则了，总觉得规则束缚了自己，殊不知只有将规则了然于心，才能写出真正成熟的文章。

创意小练笔

请拿出你之前写得最满意的一篇文章，使用四大经典结构中任意一个你感兴趣的结构来修改文章。自我修改是进步最快的一种学习方式。

_____

_____

_____

_____

_____

02

很见功力的结构细节

这一节主要学习四大结构细节，学习如何把细节写得精妙无比。结构是文章的整体框架，如何在整体框架之下把细节处理好，也很见功力。

第一个结构细节，开头要"薄而脆"。

所谓"薄而脆"，就是要简单明了、一针见血。

开头是引子，起引入的作用，引入部分就不能很长、很多，而是要"薄而脆"。

比如一篇讨论"中年人困境"的文章开头如下：

"这两天，朋友圈里有不少朋友都在讨论《我是余欢水》，我也去看了。余欢水简直是我这两年看过的最惨的男主角，被老婆嫌弃、被上司臭骂、被同事嘲笑，这部剧把一个中年男人所面临的压力和困境展现得淋漓尽致。"

接着文章就进入正题，讨论"中年人困境"。

"薄而脆"听起来很容易，但做起来很难。如果让一个没有受过任何写作训练的人去写，他很可能会写得拖泥带水，甚至把整部电视剧的情节都罗列出来，没有总结概括，只有啰唆。

其实，文章的开头还有很多种出彩的形式，比如金句开头，设置疑问开头，或者以热点话题开头。但这些开头都有一个前提，就是简单、直接。

第二个结构细节，过渡要"滑而妙"。

过渡也是让很多人头疼的问题。段与段之间的过渡要考虑逻辑是否顺畅。很多时候，"不但……而且……""一方面……另一方面……"这些连接词并不能解决段落的过渡衔接问题。

所谓"滑而妙"，就是要直接、自然、出其不意。

举一个过渡很妙的案例：

"也许在我们的常识里，浪漫是爱情的附属。后来，等到经历了生活的洗礼才会明白，浪漫其实更像一种对待生活的态度：不慌不忙，有情有趣。

"作为独身人士，我没有办法体会夫妻之间的日常。但在这段漫长的日子里，每当我觉得孤独失语、消极烦躁的时候，一部温暖人心的电视剧，总是可以让我与生活重新连接。

"我非常推荐电视剧《浪漫的体质》，故事平淡清新，又带一点幽默犀利，讲述了 3 位年龄在 30 岁以上的单身女性各自走出困境的故事。"

这篇文章的主要目的是推荐一部电视剧，一般人可能上来就给大家说这部电视剧讲了什么内容、有多好，但是这位写作者用了 3 步让过渡更自然。

第一步（第一自然段），先对上面所讲的故事进行了简短的总结：夫妻之间的浪漫是一种生活态度。

第二步（第二自然段），回到自己身上，说作为单身人士的我体会不到夫妻之间对待生活的态度，但是一部好的电视剧能帮助我和生活重新连接。

第三步（第三自然段），开始推荐这部电视剧。

这些段落之间有一条逻辑线或过渡线：先讲夫妻之间"有的"，再讲我这位单身人士"没有的"，最后讲这部剧让我"有了"。

这种过渡自然、顺畅，能够让读者在不知不觉中接受你的逻辑和观点。

很多写作新手对于"写过渡句"这件事非常困扰。其实，写过渡句的底层逻辑就是你要弄明白为什么先写这个、后写那个。你是文章的建筑师，就得清楚地知道砖与砖之间衔接的原因，只要这个内在逻辑弄清楚了，过渡就会很自然。

第三个结构细节，结尾要"少而重"。

"少"就是精简、极度概括，"重"就是能让人看出功底。

就像开头不要太长一样，结尾也不应太长。结尾最重要的特点是"重"，应升华主题、拔高立意，有点睛之笔。

有篇文章以"仪式感"为主题，文章的结尾如下：

"辛格霍夫在《我们为什么需要仪式》里写道：'在风雨飘摇的时代，仪式令人们有所依傍。仪式帮助我们处理生活中的窘境，唤醒我们心中的美好情感，是心灵的港湾和力量的源泉。'"

这个结尾借助了名人名言，分量感一下子就有了。

接着，文章在结尾处加了一句金句：

"它（仪式感）不过是一个有心人对另一个有心人的致意，是有爱之人懂得彼此互相给予的一种精神奖励。在乎你，就要让你知道。"

简单的 100 多字，先引用了名人名言，然后给了一句很有分量的自创金句，完美收尾。

但很多人常犯的错误就是在结尾处长篇大论。

应特别关注的是，一句话就可以说明白的，不要啰唆地写几段话，字数越少，分量越重。

第四个结构细节，让文章看起来有"呼吸感"。这是对文章比较高的要求。所谓"呼吸感"，主要有以下两层意思：

第一层意思，主次分明，不要平均用力。有些地方详细写，有些地方省略写；

第二层意思，多用短句和短的段落。

短句和短的段落有两个好处：一是在自媒体时代，很少有人能耐心、仔细地去寻找内在的逻辑；二是从文章本身带给人的感受而言，长句往往给人带来"压抑感"。

因此，把句子写长不算本事，写短才见功力。

创意小练笔

找出你之前写过的任意一篇文章，修改一下开头和结尾，看看有什么不一样。

_____

_____

_____

_____

_____

_____

03

如何写好文章的开头

　　文章开头的重要性，我想大家都已经感受到了。要写好文章开头，主要有以下 3 个底层原因：

　　首先，从位置上来说，它是读者最先看到的内容，文章开头的好坏直接影响到这篇文章能否抓住读者的注意力。就像商场的门面，门面漂亮，往往能吸引更多顾客。

　　其次，从功能上来说，开头起着定调的作用，这是很多人容易忽视的细节。高尔基说："开头第一句是最难的，好像音乐里的定调一样，往往要费好长时间才能找到它。"托尔斯泰写《战争与和平》时，开头先后修改了十几次才定下来。

　　有一个写网文的朋友曾分享过自己的写作经历：平均每篇文章的开头要修改 50 次，有的甚至修改了 200 多次。

　　对于大部分写作者来说，开头的第一句话写得是否顺畅，很大程度上决定了整篇文章的流畅度，所以写作者要格外重视文章的第一笔。

　　最后，从文章的结构来说，开头是文章的重要组成部分。所谓"万丈高楼平地起"，开头就是文章的起点，如果起点没有夯实，文章就不会坚实。

　　写作新手要重视开头，开头不是随手写几行字即可，它决定了整篇文章的质量。这就是为什么那么多人会说"开头写得顺，整体都会顺""开头不顺，文章就写不下去"。

　　下面分享3种比较常用的文章开头写作方法。如果没有好的创意，用这3种方法大概率不会出错。

　　第一种方法，悬念法开头。

　　这种方法有时也称为"马尔克斯开头法"。

　　马尔克斯作品的开头，历来都是无数文学爱好者痴迷的部分。

　　此处以他的3部经典作品的开头为例。

　　《百年孤独》："许多年之后，面对行刑队，奥雷良诺·布恩地亚上校将会回想起，他父亲带他去见识冰块的那个遥远的下午。"

　　《一桩事先张扬的凶杀案》："圣地亚哥·纳赛尔在被杀的那天，清晨5点半就起床了，因为主教将乘船到来，他要前去迎候。"

　　《纯真的埃伦蒂拉与残忍的祖母》："当那场给埃伦蒂拉终生带来不幸的灾风刮起来的时候，她正在给祖母洗澡。"

　　这些长篇小说的开头直接把某个事件的过程或结果推到读者面前，简单地把悬念拉起来，一下子就点燃了读者的好奇心，让读者带着满满的猎奇心理和故事主角一同开启故事之旅。

　　很多人觉得悬念法开头只适用于故事类型的作品，其实不然，大部分文章都可以使用这种方法。

　　例如，有一篇观点类文章的开头如下：

　　"前两天，表弟对我说：他认识的一位正在上海交通大学读研的外教老师被开除了。我听了挺震惊，上海交通大学读研是我们都羡慕的事情，这位外教老师怎么就被开除了呢？"

　　这就是悬念法开头，先说结果，故意勾起大家的好奇心。

应特别关注的是，结果前置，是大多数悬念法开头的特色。

第二种方法，痛点共鸣式开头。

这种开头直接抓住读者的痛点，读者觉得"痛"了，就会产生共鸣，也就愿意读下去了。

被戳中痛点的读者会在潜意识里认为：这篇文章在写我自己的故事。

例如，有一位写作新手在一篇文章的开头这样写："你有没有过这样的经历：知道每天要写点什么，挖空心思却只写了 200 字；好不容易写完，自己都不愿意看。"

这就是很不错的痛点共鸣式开头，很多写作新手应该都有这样的痛点，你说出来了，他们自然就能将自己代入文章中。

这种方法其实不难运用，一般你的痛点就是别人的痛点。比如，早上总是起不来，读书效率特别低，不会合理安排时间……你深挖自己的痛点，也就能很快找到读者的痛点。

第三种方法，新闻热点式开头。

一篇很普通的文章，一旦加入热点，就会吸睛很多。以主题为"信念感"的文章为例，如果开头为"信念感是一个人很重要的素质……"或者"你是一个有信念感的人吗"，这样写就很普通。但是结合热点来写，就很有趣了：

"那天在看综艺节目某一期的时候，明星 A 与明星 B 演完一个片段后，明星 A 说，B 是一个特别好的演员，她的信念感特别强。听到'信念感'这个词的时候，当时我就被击中了。那么信念感到底是什么呢？"

不难看出，开头一旦和热点结合在一起，文章的质感就会好很多。如同礼盒包装，热点只是包装工具，写作者要让它为你所用，为你的文章增添光彩。

创意小练笔

请你使用第一种方法写一个悬念式的开头，期待你绝妙的小
创意。

_____

_____

_____

_____

_____

_____

04

如何写好文章的结尾

心理学上有一个概念，叫作峰终定律。所谓峰，就是高峰、高潮；所谓终，就是终点。也就是说，人们一般会对高潮和终点印象深刻。

心理学家丹尼尔·卡曼说："人的记忆力较弱，能记住的只有高潮和结尾。"好好写结尾，才能在文章的最后给读者留下一个深刻的印象。

有 4 种结尾方法能让你的结尾出彩不少。

第一种，总结全文式。这一种结尾比较常见，就是在文章结尾处对整篇文章进行概括式总结。

比较常用的句式是排比式，罗列文章中提到的几个点，简单总结一下就结束。

第二种，金句拔高式。这一种结尾能直接提升整篇文章的质感和高级感，我比较推荐大家使用这种结尾。

金句从哪里来呢？主要有以下两个途径：

一个是平时积累"金句库"，把平时看到的金句放入"金句库"，需要的时候可以直接引用，也可以借用金句的句式，套上你想表达的内容。

　　另一个是直接搜索。写作新手一般喜欢用百度，这其实是比较差的策略。寻找文章素材时，知乎和微信等平台更实用。在这两个平台上搜索关键词，得到的结果含金量更高。

　　应特别关注的是，写文章记得用上金句，让结尾像金子一样闪闪发光。

　　第三种，话题互动式。这种结尾的形式一般如下：

　　"……换作是你，你会怎么做呢？"

　　"我不知道大家看到这件事情会有什么感触，也许会觉得……也许会觉得……"

　　这种结尾最大的作用是把读者代入文章，让他成为文章的主角。

　　读者本来是跟着你的节奏走的，知道你写的是别人的事，所以最后你可以通过互动的方式引发读者思考："是啊，如果这件事发生在我身上，我是不是也会这样做呢？"

　　这样一互动、一问，读者就把这篇文章记住了，因为他思考了。

　　第四种，首尾呼应式。这也好理解，比如你在开头写了一个故事作为引子，但没有讲完整，在结尾的时候，你可以写："回到我们开头讲的那个故事，我想你也猜到了，××……"或者是在开头使用一个案例，在结尾处再度提起这个案例。

　　这样做最大的好处是让文章有设计感，读者一看就知道是精心布局过的，而不是流水账式的。如果你想进一步修炼，其实还有一种高阶的结尾。写这种结尾没有具体的方法可言，只有一个很重要的标准——有深意或者余韵，产生一种只可意会不可言传之感，这正是"文无定法"的真实写照。

　　下面分享两段结尾，大家感受一下。

　　"此时此刻我写下这段话，才想起爷爷就是去年这个时候离开的。

爷爷走了，我活了。"

"爷爷走了，我活了"，多好的结尾，而且这种结尾没有使用任何技巧，全是真情流露。情到深处，最动人的结尾自然就出现了。

"孩子忽然安静下来，然后用力地、不断地摇着头，但爸爸看到他的眼睛慢慢冒出不知忍了多久的眼泪。他用力地抱着爸爸的腰，把脸贴在爸爸的胸口上，忘情地号啕大哭起来，而手指依然紧捏着那几条正映着夕阳的余光在微风里轻轻飘动的发丝。"

细细感受一下，你就知道这一结尾的层次有多丰富：孩子在使劲儿控制自己的眼泪，控制不住了，只能号啕大哭起来。与此同时，他手中还紧紧捏着几根发丝，那是他好朋友的头发（在这个故事的前文中提到，为节省字数，并未摘录）。他的好朋友要离开他，他太难过了，但是又不能在朋友面前表现出来，所以表现得像个小大人。可是朋友离开，他又哭回了孩子模样。

这种结尾没有使用任何方法和技巧，全是情感使然。结尾真实地描写情感的变化，让读者真正进入孩子的内心，和孩子一起经历喜怒哀乐，自然而然，水到渠成。

总结起来，高阶的结尾就是"妙"，是拍案惊奇，方法和技巧反而显得多余。

创意小练笔

找出你之前写的文章，对照一下你原来写结尾使用的是什么方法，然后在上述方法中任意挑选一种来修改文章的结尾。将修改好的文章与原稿比较一下，你是否能感受到明显的变化。

5

文章的素材：
丰满血肉

⓪1

写作者必须储备的 3 类素材

如果说选题是文章的脸面，结构是文章的骨骼，那么素材就是文章的血肉。只有血肉丰满，整个人才立体、好看。

但素材不一定越多越好，按照不同的需求，有针对性地储备更高效。

一般来说，常规素材可以分成 3 类。

第一类，一手资料素材。所谓一手资料素材，就是你的亲身经历，包括发生在你身上的事，你见到的发生在别人身上的事，你读过的书，你看过的电影，等等。

顾名思义，一手资料素材源自你亲眼所见、亲耳所闻的内容。

也许你看到这里会有疑问：一手资料素材还需要储备吗？自己的经历还能写不出来？

是的，需要储备。

人的记忆能力是有限的，如果当时不记录下来，过几天可能就会忘记。而这些素材是非常鲜活和珍贵的，忘记就太可惜了。

储备一手资料素材之前，你需要先建立两个认知。

●什么样的一手资料素材值得储备。

一手资料素材只要满足以下两个条件中的任何一个，就值得储备：

第一个条件是能让你的情绪有起伏，比如打动你的事、让你生气的事、让你觉得特别温暖的事等。凡是让你的情绪有起伏，说明这件事的冲击力是很大的，它就值得你好好思考和回味。

第二个条件是很特别，也就是你经历过而别人没经历过，你看过而别人没看过的事。这种素材在网上比较难查找到。你在读书过程中发现了这件事，如果别人不读这本书就发现不了，或者即便别人读了这本书，也对这件事没感受，这就算特别的事情。

●一手资料素材的储备方法。

我推荐一个屡试不爽的方法：建立一个自己的一手资料素材文档，将每天发生的符合条件的事记录在里面。记录的时候不用特别详细地描述细节，只要把事情大概说清楚，方便日后回忆即可。

大家可以参考我的记录形式：

"今天和一个 10 年前的笔友通过小红书联系上了，他已经成为很厉害的短视频博主了，人真的都在往更高处攀登。"

"小红书突然火了，仿佛我第一次在豆瓣上写文章火了一样，带给我一种久别重逢的感动。"

"越来越不想给某朋友打电话了，她总爱打听别人的隐私，可是还能这样聊多久呢？"

第二类，二手资料素材。二手资料素材就是你在各种平台上看到的素材。收集二手资料素材需要注意以下 3 点：

（1）二手资料素材的储备要有标准。

素材是否值得储备？有一个判断标准，就是该素材以后是否容易找到。比如有些人会把明星的基本素材储备起来，其实不用这样，因为这种素材需要时一搜索就可以找到。而有些素材如果你这次不收集起来，下次可能就找不到了，这样的素材才值得你放进素材库。

应特别关注的是，二手资料素材不要贪多，因为素材库内容越多越杂，后期调用就越麻烦。

（2）二手资料素材尽量多元化。

你喜欢散文，不妨碍你收集一些诗歌素材；你喜欢小说，不妨碍你收集一些新闻事件；你喜欢读书，不妨碍你收集一些与影视相关的素材。多元化的二手资料素材，会让你的文章更丰富。

（3）将二手资料素材放进素材库时，建议将其换成自己的话。

机械地复制粘贴或者简单摘抄，会让你很快忘记自己曾经储备过这个素材。把素材用自己的话说一遍，本身就是一个记忆的过程，方便以后调取。

第三类，基础素材。

所谓基础素材，就是你平时擅长的领域或者你想深耕的垂直领域的素材。

例如，你是一名办公室文员，平时要积累的基础素材就是国家颁布的政策、条例。这些东西如果平常不积累，等写报告的时候再去找，可能就来不及。

我们平时写文章也是一样。如果你是写散文的，就可以积累与写散文有关的优质素材，如古今中外作家的作品。这些素材是你在某个领域有突出创作表现的根基。

如果你是一位亲子领域的写作者，那你要梳理和积累一些与教育、亲子相关的优质素材。

基础素材的累积，会让你在该领域越来越专业，写文章的同时也在夯实专业基础。

很多时候，大家不是不知道需要储备素材，而是忘记了分门别类地整理素材。你可以在写作前期，按照上文所述素材分类整理出来，从而大大提高自己的写作效率。

创意小练笔

如果你已经有自己的素材库，请对照上述 3 个分类进行整理；如果你还没有自己的素材库，请马上着手建立。种一棵树最好的时间是 10 年前，其次是现在。

_____

_____

_____

_____

_____

02

快速搜索素材的 4 种方式

我们都知道一个人积累的一手资料素材是有限的，日常生活中可能会有很好的写作素材，但一定不多。如果想要拥有更多优质的素材，我们可以通过搜索、筛选来实现。

搜索素材是一件看上去很简单的事情，在搜索框中输入关键词，就有好几十页的内容弹出来。但在实操过程中，你会发现有太多的内容都是无效的，要么老套，要么不精准。

应特别关注的是，搜索是一种能力，而不是一个动作。

这里分享 4 种快速搜索素材的有效方式。

1. 精准搜索

精准搜索的核心是要确定搜索方向和建立"关键词 +"。

这里有一个很重要的原则，就是围绕关键词进行搜索，而不是只搜索关键词。

比如你想要写一篇主题为"成年人的世界要分清对错"的文章，如果你搜索的关键词只是"成年人的世界"或者"对错"，那么你一定搜索不出好的素材。这时应该怎么办呢？

第一步，确定搜索方向。

你的搜索方向应该是"成年人的世界"还是"对错"？当然是"对错"，因为"成年人的世界"太宽泛了，宽泛到万物都可以与这个词相结合，而"对错"相对狭窄，所以用范围相对狭窄的关键词作为搜索方向。

第二步，建立"关键词+"。

如果只用"对错"来搜索，你会发现同样搜不到结果，因为与"对错"相关的东西太多了，甚至能搜索出"小孩子哭闹，是对是错？"这样毫无关系的内容。那怎么办呢？

你可以用"关键词+"让搜索范围变得更小、更精准，比如"对错+婚姻""对错+友情""对错+亲情""对错+明星""对错+婚姻""对错+闺蜜"等。当你用"对错+"来搜索的时候，你会发现优质的素材迅速变多了。

2. 分类搜索

分类搜索指专注搜索完某一类内容之后，再搜索其他的内容。这听起来很简单，但是很多人都做不到。

在写作中，素材包含的内容大致可以分为 3 类：观点、案例和金句。很多人一边搜索案例，一边搜索金句，还一边搜索观点，"一心三用"，看起来好像很高效，但往往什么都得不到。

应特别关注的是，高效的分类搜索逻辑应该是先搜索观点，再搜索案例，最后搜索金句。

拿"成年人的世界要分清对错"这个主题来说，假如你想用 3 段来论述"为什么成年人的世界没有对错"，那你首先得想出 3 个理由。这 3 个理由其实就是你的观点。

如果这恰好是一篇命题作文，你就是想不出 3 个观点，该怎么办呢？你可以去网上搜索一下，看看别人是怎么看待这个问题的，从中获得启发。

为什么搜索案例要放在搜索观点后面呢？因为观点就是方向，只有方向定了，你才能够知道寻找什么类型的案例，这样会高效很多。最后，你再花时间去搜索金句就可以了。

很多人也许会说："好烦啊，要搜索这么多东西。"这是因为你还没有能力驾驭自己所写的文章。当你面对任何一个主题都有话可说、有观点可讲，随手就能写出金句的时候，你完全可以不用搜索任何素材了。

3. 建立自己的搜索库

你可以将日常阅读的书籍、观看的电影、喜欢且觉得有用的内容都放在一起，建立自己的搜索库。这个搜索库里肯定包含素材库，这样你以后再需要素材，就不用漫无目的地到处寻找了。

4. 找到适合自己的搜索平台

说起搜索，大部分小伙伴想到的是百度这样的平台。但是对于写作者来说，如果想要搜索素材，这类平台未必合适，因为它们很少能够给予精准的内容。这时，找到自己喜欢的、适合自己的搜索平台就很重要。

除了百度、360、搜狗等搜索引擎以外，知乎、微信、微博、哔哩哔哩等平台也可以使用。

知乎提供的视角、观点和实验案例比较新颖，很受写作者欢迎。其次是微信，写作者直接在微信搜索框里输入关键词，就会出来很多优质内容。另外一个是微博，它偏话题性质，在搜索热点新闻事件的评论时能给你带来很大帮助。

从上述内容中，你应该感受到了搜索是有"段位"的。有时候搜索不到素材不是你不够认真，也不是你的搜索量不够，而是你用错了方法，没有抓住搜索的底层逻辑。

无论是写作，还是生活，我们都要学会借力，至于如何借力，就要看每个人的习惯了。

创意小练笔

打开一个你常看的公众号，把对方的选题记录下来，按照搜索观点、搜索案例、搜索金句的顺序，试着动手搜索出写一篇文章需要的相关素材。

③

4 步打造自己的素材库

每个写作者都有自己的素材库，这一节讲解如何打造自己的专属素材库。

在讲方法之前，大家要先建立一个认知前提：打造素材库，绝对不是摘抄。如果只是随便摘抄，那就不是素材库，只能算作摘抄本。

4 步打造自己专属素材库的方法如下：

第一步，找到你喜欢的储存素材的工具。

写作者普遍会用到的 3 个储存素材的工具是石墨文档、印象笔记和幕布。这 3 个工具的特点是可以随时储存，数据不容易丢失。

第二步，对素材库进行分类。

如果你是写作新手，建议你把素材库分为以下几个类别：

● 自己及身边人的素材。

● 明星素材。

● 历史名人素材。

● 新闻热点素材。

● 书影素材。

这 5 类素材基本涵盖了市面上比较常见的素材类型。

如果你是一位相对成熟的写作者，你的素材库可以按照自己日常写作时常用的素材类别进行分类，然后着重收集当前写作最需要的一类素材。

例如，有一位网文写作者，她的素材库里有一个分类是"巧妙桥段"，这个分类里都是她平时收集的对写作有帮助的桥段。

还有一位女性成长故事写作者，她写作时需要用到大量的女性故事，所以她的素材库里就有"独特女性故事"类别。

素材库分类的形式多种多样，既可以做成表格，也可以直接分出几个模块，或者新建一个文件夹，将一个文档作为一个类别。总而言之，适合自己的分类就可以，不用过分在乎形式。

第三步，用自己的话把素材写下来。

这里包含 3 个重点。

●只归纳你以后有可能用到的素材。

你觉得以后大概率用不到的素材就果断放弃，把这类素材放进素材库中，不仅占内存，而且翻找起来不方便。一个素材再好，如果你用不上或者没有能力用上，就要舍弃。

●用自己的话写下来。

很多人打造素材库是照抄照搬，这样做其实没有太大的作用。一定要用自己的话把素材写下来，这一方面能够加深你的记忆，需要用素材的时候可以凭印象找到它；另一方面，如果你能把一个素材熟练地描述出来，就可以很顺畅地使用这个素材。

●记录简短的关键词。

素材再好，也没有必要完整地写一遍，所以把它概括地记录下来即可。在你想用的时候，利用这些简短的关键词去网上搜索一下就能找到对应的素材，也就是在素材库中记录"索引"，而不用记录全部内容。

应特别关注的是，你要把素材库当作自己的"索引库"。

第四步，定期清理素材库。

一周、半个月或一个月，你要定期对素材库进行清理，千万不要囤积素材。

定期清理的频率根据自己的使用频率来安排。

如果你天天写作，就可以一周清理一次素材库，把一周之内已经使用过的素材删掉。如果某个素材一次都没使用过，说明它没有那么重要，也可以果断地删掉。

如果你是位写作新手，可以一个月清理一次素材库，因为一个月之后，你看很多素材都没有感觉了。如果你长期不清理，素材积累得越多，翻找起来就越麻烦，不如定期断舍离。

创意小练笔

请用上述 4 步打造自己的素材库，看看哪个步骤对你最有启发。

_____

_____

_____

_____

_____

_____

04

3 个方法，让你高效使用素材库中的素材

素材有了，素材库也有了，但你如果不会恰当地使用素材，其效果会大打折扣。

此处介绍 3 个方法，让你学会高效地使用素材库中的素材。

第一个方法，使用素材一定要有细节，不要使用概括性描述。

一位写作者在写因为父母从不表达爱，让她长大之后一直很难释放自己的感情的故事时，为了印证这个观点，她用了以下素材：

"在我需要进入感情世界时，有人向我走近一步，我本能地后退一步；当他后退一步，我又转身追他一步。这是我渴望得到爱，却又怕爱会伤害我，别人离开后我又想去追寻的矛盾心理。"

这是非常好的素材，如果把自己内心的微妙变化写出来，文章一定很动人，但她用的是概括性的描述——"有人向我走近一步，我本能地后退一步；当他后退一步，我又转身追他一步"。读者虽然明白她要表达的意思，但是不会被打动，因为缺少细节。

倘若改为"在我 23 岁那年夏天，有一个男生给我写了 100 多封情书，我每次收到信都会写一封回信，但从来没有把信寄出去，而是写完就收起来"，再加上时间、地点、人物等细节，读者就很容易感同

身受。

应特别关注的是，好的素材没有细节支撑，就会变"宝"为"废"。

第二个方法，要对素材进行取舍删减。

有时候我们收集的素材很好，但是和当下要写的文章并没有直接联系，这时我们要果断舍弃一部分内容。

比如，有一位写作者想用某知名女性嫁给成功的男企业家的素材来证明：现在有一些人注重皮囊美，都用单一的审美价值来评价女性。写作者在使用这个素材的时候，内容应该都围绕着"大家如何变着花样说她是靠美貌'上位'的，但她不是，她是靠实力赢得一切"，这样就可以了。

可是有些写作者舍不得删减素材，就把她以前的情感经历、她和男企业家是如何认识的等内容也事无巨细保留下来。这一部分内容和主题没有直接联系，无关内容太多，会让最应该放大的内容被埋没。

所以，我们要舍得对素材进行删减。同一个人的故事，有些细节可以放在这个主题下，有些细节可以放在另外一个主题下，不要像写流水账一样把故事完整地讲一遍。

这个方法同样适用于讲故事的素材。如果这个故事中牵涉4个人，但和主题相关的只有两个人，那么主要讲这两个人就可以了，剩下的两个人甚至可以不提。

第三个方法，不要呆板地按照本来的顺序使用素材，可以打乱其顺序。

一般情况下，我们在收集和整理素材的时候，都会按照从事件开始到事件结束这样的顺序写。但是你在具体使用素材的时候，可以把顺序重新设计一下，文章呈现的效果就会更好。

例如，在文章中引用"一个英国人因为自拍上瘾而得病"的素材，如果按照正常的顺序，我们会先说他是什么时候开始爱上自拍的，然后讲他在自拍的过程中经历了什么，最后讲他被诊断为"自拍上瘾症"。

这个素材虽然底子很好，但听起来很乏味，那怎么写才能吸引人呢？

我们可以先说："你知道吗？真的有人自拍上瘾。"第一句先勾起读者的兴趣。

接着告诉读者，医生是如何诊断出这个人得病的，然后讲他是如何患上这个病的。

虽然只是简单的"结果前置"，但是这样写能勾起读者往下看的兴致。不要小瞧这一点顺序的改变，文章的气质会因此大不一样。

如果你找到的一个素材已经被很多人讲过了，没什么新鲜感了，你可以在使用素材的时候增加一些设计：什么内容先讲，什么内容后讲，在哪里要穿插一段对话，都要提前设计好。

当你像堆积木一样把一个故事重新组合，它就会成为一个新作品。

创意小练笔

从你的素材库中找出一个素材，使用前面讲的 3 个方法写一篇
文章。

_____

_____

_____

_____

_____

05

实操练习：同一个素材的 3 种使用方式

如果你积累了很多素材，但不会使用素材，素材的效果就不能真正发挥。素材就是一块橡皮泥，你可以用它捏出任何你想要的形状。有时候，不是你积累的素材不够，仅仅是你不会使用素材。

下面我带你实操一遍，教你同一个素材的 3 种使用方式，写出不同的感觉。

以在网上看到的一个帖子——"怎么判断一位女求职者的月工资在 8000 元以下？"为例，某公司的市场总监洋洋洒洒地写了一篇经验之谈：

"如果一个女求职者过来面试，聊了半个多小时，她的包都还背在身上，说明她没有安全感，融入性、适应能力差。这种情况如果在南京来说，一定在 8000 元以下，8000 元以上的女性适应能力强，一坐下就把包放下来了，该喝茶喝茶，该上洗手间上洗手间。有些人反驳我，说这是我背包的习惯，我说你回到自己家你会把包背着吗，是不是一回到家，立马把鞋脱了，该上厕所上厕所，该坐沙发上看电视看电视，绝对不会背着个包不放。"

这是一个很好的素材，也许总监的结论不一定完全准确，但它突破了人们的常规认知，切入的视角很独特，那这个素材具体怎么使用呢？

1. 正反立场式

正反立场式是通过展示正反立场来引申出一个主题，形成一篇文章。而这个正反立场又包括以下 3 种形式：

（1）站在正方的立场讲观点。

也就是说，写作者站在求职者的立场上对这位市场总监进行反驳，可以写一篇主题为"不要以为自己经验丰富就可以随便评价别人"的文章。

（2）站在反方的立场讲观点。

如果你和市场总监站在同一个角度看问题，可以写一篇"经验丰富的人，眼光有多毒"的文章。

（3）站在看客的立场讲观点。

所谓站在看客的立场，就是从在这篇文章下面留言的网友的角度出发来论述。例如，当我们看到大多数评论都在反驳这位市场总监时，就可以思考为什么这样的文章会惹怒大部分人，从而可以写一篇"当谈钱的时候，我们为什么会那么敏感"的文章。

当然，正反双方可以互换，即正方可以是市场总监，反方可以是文中提到的求职者。

应特别关注的是，一个小小的素材，至少可以在 3 篇不同主题的文章中出现，这就是我们对一个素材的创新运用。

2. 从同一素材找出不同主题，反复使用

我们可以从上述主题中提炼出一系列相关的主题词，比如"专业感""安全感""外在行为""赚钱"等。当我们写这几个主题的文章时，就可以用上这个素材。

例如，我们在写《一个人可以专业到什么程度？》《一个人过于缺乏安全感会怎样？》《一个人的内在修养都体现在外在上》《一个人为什么要多赚钱》时，都可以用上这个素材。

应特别关注的是，同一个素材可以概括出不同的主题，表现这些主题时都可以使用这个素材。

3. 类比同属性素材，进行二次创作

这个素材说的是从一个人的背包习惯可以看出这个人的身份或者收入情况，那我们可以引出如下主题：

（1）从一个人的穿衣看出这个人的收入情况。

（2）从一个人开的车看出这个人的收入情况。

（3）从一个人穿的鞋子看出这个人的收入情况。

（4）从一个人的面部神态看出这个人的收入情况。

（5）从一个人用的手机看出这个人的收入情况。

应特别关注的是，如果你觉得一直用这个素材不太好，那就变着法子用，把它替换成不同的场景，这样素材就会变得新颖。

创意小练笔

请你从你的素材库中选择一个素材，试着用上述 3 种方式来灵活运用这个素材。

_____

_____

_____

_____

_____

_____

6

文章的语言：

优雅外衣

01

大多数人对文笔的理解是错的

很多人认为，想要写出好文章，文笔是第一重要的。其实不然。
文章的框架结构、素材的展现形式、细节的描述方式等的重要性一点
都不亚于文笔。之所以那么多人觉得文笔最重要，是因为 90% 的人对
文笔的理解是错的。

1. 什么是文笔?

文笔，包括"文"和"笔"两部分。

一般来说，"文"就是"文风"，"笔"就是"笔力"。

"文风"，是成熟的写作者都有的独特的风格。你把巴尔扎克和
托尔斯泰的作品放在一起，熟悉他们的朋友读几句就能分得清哪部是
谁的作品。

"笔力"，通俗点说就是写的内容能不能让读者看明白，够不够
通顺流畅，够不够真实生动。

相比较而言，文风比较难形成，写作者要经过长时间的自我训练
才能形成自己的风格；而笔力比较容易实现，只要能讲明白所要表达
的内容即可。

很多读者可能会有一个困惑，平时生活中通过口头表达能够讲明

白的一些事情，到了写作时却越写越绕，写了半天都讲不清楚。这很可能是因为你对文笔的判断标准是有失偏颇的。

2. 大多数人认为好文笔是"矫揉造作""辞藻华丽"的

如果你上网搜索"你见过的最好的文字是什么"，有可能看到如下回答：

（1）绿萝，像你，有水就能生长。

（2）光洒进暖流，花开在枝上，春光正好，我把我种在你身体里，然后一起躲进时间的褶皱里。

（3）南方的阳台，是个残酷的地方，过年没吃完的鱼干还在晒……

是的，在很多人眼里，好文笔是"矫揉造作""辞藻华丽"的。其实这些文字是为了描写而描写，空洞，没有坚实的内核。

文笔的"笔"，是要你写得通俗易懂、活灵活现，写得实在、具体、生动，而不是堆砌华丽的辞藻。

总体来说，一个人的文笔，大致会经过3个阶段。

第一阶段，大白话阶段。

我们只能像小学生一样写今天遇到了谁，发生了什么事情。文章虽然通俗易懂，但也显稚嫩。

第二阶段，矫情文字阶段。

多数人都会经历这个阶段，特别是在中学、大学时期，很多人会模仿青春文学作家的文笔，去堆砌辞藻、故弄玄虚，让人看不出自己想表达什么。

第三阶段，高级的大白话阶段。

在这个阶段，写作者戒掉了矫揉造作的写法，用字更精准，更有味道。

应特别关注的是，大部分人之所以对文笔的认知是错误的，就是因为他们停留在第二阶段。

创意小练笔

找出你写得最满意的一篇文章，参考上述标准，评估一下自己处在哪个阶段。

02

如何写出有质感的文字？

要想写出有质感的文字，具体有一个原则和三种方法。

一个原则：培养"语感"。

后人化用北宋学者黄庭坚的话说："一日不读书，尘生其中；两日不读书，言语乏味；三日不读书，面目可憎。"

很多写作者对此深有体会：如果某段时间读书特别多，写出来的文字就会很有质感；如果很久没有读书了，那文字的质感就差很多。

培养语感没有捷径，想要文笔好，就要多读书，让自己一直浸润在良好的语言环境中。

除了培养语感，还有三种方法可以在一定程度上使你的文字更有质感。

1. 增加词汇量

语言的边界就是思维的边界。如果一个人的语言特别匮乏，那他的思维可能也很匮乏。同样的道理，如果文章中的词汇量非常不足，都是"我，他们，吃喝玩乐"等大家在日常生活中脱口而出的内容，那写作者文笔一定也好不到哪里去。

很多人喜欢毛姆的作品，就是因为他的语言很有密度。例如，他在《月亮和六便士》中这样写道："我那时还不了解人性多么矛盾，我不知道真挚中含有多少做作，高尚中蕴藏着多少卑鄙，或者，即使在邪恶里也找得着美德。"

"人性""矛盾""真挚""做作""高尚""蕴藏""卑鄙""邪恶""美德"这些都是精心挑选的词语，在区区五十来个字中，就有九个具有表达力的词语。其语言密度是很高的，肯定比说"人性有善有恶，非常复杂"来得有质感。

应特别关注的是，不要为了增加词汇量而增加，这样会变成辞藻的堆砌；这个度如何把握，还是要基于前面说的语感。

2. 使用修辞手法

我们在小学和初中阶段就学过很多修辞手法，比喻、拟人、排比、通感等等。一个很普通的语句，一旦使用修辞手法，就可能呈现完全不同的质感。比如《围城》中的这句："婚姻是一座围城，城外的人想进去，城里的人想出来。"

作者把婚姻比作围城，一切都在不言中了，又简练又有味道。

王小波的《黄金时代》中也有一句很经典的话："那一天我二十一岁，在我一生的黄金时代，我有好多奢望。我想爱，想吃，还想在一瞬间变成天上半明半暗的云。"

这里面有短的排比"想爱，想吃，还想……"，同时想象力又丰富——自己想要变成天上的云。句子既有趣又高级。

3. 注意细致程度

描写的内容越细致，越容易体现一个人的性格或者一个环境的状态。

比如托马斯·曼在《大骗子克鲁尔的自白》中写了这样一段话：

"那是一个狭窄的房间，天花板很高，但货物从地板一直堆积到了天花板：一排排的火腿；白色、黄色、红色、黑色，各种颜色和各种形状的香肠，有肥的，也有瘦的，有的圆，有的长；一排排的蜜饯罐头；可可饮料和茶叶；闪闪发亮的透明玻璃瓶里装满了蜂蜜、橘子酱和其他果酱。"

作者把香肠的颜色、形状、肥瘦都写出来了，我们通过这样一个画面，就可以知道主人公是一个什么性格的人。

应特别关注的是，内容越细致，越容易调动读者情感。

如果我们在写文章的时候只概括一件事，或者只大致描述一个画面，就不会起到打动人心的效果。

长期写文章的人都知道，再好的技巧都是"治标不治本"，想要"治本"，就要阅读。让自己浸润在良好的语言环境中，这是最根本也是最快的学习写作的方式。

创意小练笔

从书架上找出一本你喜欢的书，阅读 10 页，参考作者的语言风格写一段话。

_____

_____

_____

_____

_____

03

词汇量不足，怎么办？

　　很多人都觉得自己的词汇量不足，下笔的时候不知道如何描述。要解决词汇量不足的问题，我们需要先建立两个基础认知。

　　第一，如果你是一个正常接受过大学教育的人，无论是工科生、理科生还是文科生，其实基本不用担心词汇量的问题。高中毕业时，你的词汇量就足够了。

　　如果你写不出好文章，可能不是词汇量的问题，而是使用方法的问题。

　　第二，增加词汇量最有用的一种方法就是多阅读，尤其是跨领域阅读。

　　跨领域阅读越多，你知道的词汇就越多，写作用词也就越丰富。比如你对生物学完全不了解，生物领域的词汇就用不上；你对西方美学不了解，西方美学相关的"审美情感""审美意志"等词语就用不上。简单来讲，你的知识面在很大程度上决定了你的词汇量。

　　在这两个认知前提之下，有两个技巧可以解决你用词时的"燃眉之急"。

　　第一个技巧，把抽象的东西具体化。

比如有一天你要描写"心中很堵"的感觉，你不会使用"胸中块垒"这样的词没有关系，可以把这种抽象的感觉具化为"心中好像有一堵墙，无论我怎么攀爬，就是出不去"，或者具化为"这种说不出来的感觉，让我在某种程度上理解了'下水道被堵，一点办法也没有'的无力感"。

也就是说，当你江郎才尽，觉得没有词可以说的时候，就用你已经有的简单句子来表达。

很多人的用词误区是，"词穷"的时候，想着赶紧增加词汇量。其实，哪怕你能瞬间记住几万个词，但你如果不会使用，也没办法给你的写作带来帮助。

应特别关注的是，写作者要随时转化思路，用大脑里"已有的词"去解释"不会"的内容。

第二个技巧，多听歌，记歌词。

歌词是高度凝练的文案，每个字、词的排列组合都反复雕琢过，当中描述的画面也很容易引起听者的共鸣。收集好的歌词对写作者的帮助也很大。

大家感受一下一些经典歌词营造的意境：

"思念是一种很玄的东西，如影随形。"

"生平第一次我放下矜持，任凭自己幻想一切关于我和你。"

"九月里，平淡无聊；一切都好，只缺烦恼。"

"南屏晚钟，随风飘送，它好像是敲呀敲在我心坎中。"

"有生之年能遇见你，竟花光我所有的运气。"

"若无其事，原来是最狠的报复。"

"我也曾把光阴浪费，甚至莽撞视死如归，却因为爱上了你，才开始渴望长命百岁。"

　　歌词的意境一般都很美，用词也很好，平时多听、多唱，时间一久，很多词汇自然而然就被你吸收了。

　　总之，你要坚信：你的词汇量足够了，你现在需要的不是去增加词汇量，而是把已有的词汇用好，玩转现有词汇。

创意小练笔

写下你最喜欢的 10 句歌词，模仿它们写出 10 句有质感的句子。

_____

_____

_____

_____

_____

_____

04

如何写好散文？

很多人说散文是最难写的。

散文之所以看上去比较难写，是因为它符合传统意义上我们对文笔的认知。

在传统的认知里，散文的语言要稍微漂亮一些、有文采一些，这就难倒了一些习惯随便写写的人。

其实，只要掌握一些方法并刻意练习，写作者的散文语言会提升到一个新的层次。

方法一，在句式上，尽量做到长句子和短句子结合使用。

长句子适合表达比较深刻的哲理或者绵延充沛的感情，语势比较平稳；短句子适合表现明快的节奏或者热烈的情感。

长句子和短句子交叉使用，一个慢、一个快，一个平淡、一个热烈，相互配合，像演奏交响曲一样，层次就有了。

比如老舍先生曾经在《趵突泉》中写道："永远那么纯洁，永远那么活泼，永远那么鲜明，冒，冒，冒，永不疲乏，永不退缩，只有自然有这样的力量！冬天更好，泉上起了一片热气，白而轻软，在深绿的长的水藻上飘荡着，使你不由得想起一种似乎神秘的境界。"

这段话中使用了非常直观的短句子"永远那么纯洁，永远那么活泼，永远那么鲜明""冒，冒，冒"，短句子瞬间就把泉水的灵动展现了出来。

"在深绿的长的水藻上飘荡着，使你不由得想起一种似乎神秘的境界"这个长句子，一下子就把回味拉得很远，让读者进入一种意犹未尽的想象中。

有人可能会问："老舍先生是大作家，写起来当然容易，我们普通人怎么行呢？"那你可以读一读网络上非常火的一段话：

"人是不能太闲的，闲久了，努力一下就以为在拼命。别说你会尽力，努力，用全力，用吃奶的力，这些都不是最大的力，要使出自己的洪荒之力。一个人如果不逼自己一把，永远不知道自己有多优秀。"

这句话能在网络上流传那么广，根本原因在于使用了长短句结合的结构。

其中，长句子为"一个人如果不逼自己一把，永远不知道自己有多优秀"，短句子为"别说你会尽力，努力，用全力，用吃奶的力，这些都不是最大的力，要使出自己的洪荒之力"。

可能还有人会问："我知道长短句结合效果会很好，可我不会写怎么办？"

不会写，是因为你没有搞清楚长句子和短句子的底层逻辑，它们的本质就是扩写一句话和缩写一句话。写长句子，就是扩写一句话；写短句子，就是缩写一句话。

平时大家可以随便写一句话，做扩写和缩写的训练，时间久了，两种能力一结合，文笔会提升得很快。

对于大多数写作者来说，学习如何写短句子很有必要，它能让你写出有韵律感和节奏感的文章。

比如要写家门口的菜园子，我们可能会写："菜园种满了各种各样的菜，黄瓜、西红柿、茄子、韭菜都挤在一起，把园子撑得满满当当。"

这样写就显得很普通，虽然也运用了短句子，但还是差点味道。作家萧红在《祖父的园子》里是这么写的：

"花园里边明晃晃的，红的红，绿的绿，新鲜漂亮。……来了风，榆树先呼叫，来了雨，榆树先冒烟。……祖父栽花，我就栽花；祖父拔草，我就拔草。"

"花开了，就像睡醒了似的。鸟飞了，就像在天上逛似的。虫子叫了，就像虫子在说话似的。一切都活了，要做什么，就做什么。要怎么样，就怎么样，都是自由的。倭瓜愿意爬上架就爬上架，愿意爬上房就爬上房。黄瓜愿意开一朵花，就开一朵花，愿意结一个瓜，就结一个瓜。"

短句子和短句子之间也是有高低之分的。

首先，她的短句子是有色彩的，"明晃晃的，红的红，绿的绿"。

其次，她的短句子是拟人化的，"榆树先呼叫""虫子叫了""倭瓜愿意爬上架就爬上架""黄瓜愿意开一朵花"。

最后，每个短句子中的动作都是不同的，"睡醒了""在天上逛""爬上架"，句子虽短，五脏俱全。

如何写出这样的短句子呢？有一些实用的"笨办法"推荐给你：把这些喜欢的段落抄下来，自己模仿着写，积累的数量多了，就能写出这样的短句子。

方法二，从情感的传递上，集中选择一个场景来描写，营造一种氛围感，这比描写一堆场景更能体现语言的质感。

打个比方，你在拍电视剧，第一个场景是在游乐园，第二个场景是在地铁上，第三个场景是在咖啡馆中。三个场景组合在一起显得比较突兀，略显尴尬。如果你集中拍一个游乐园的场景，上一个画面是在游乐园吃饭，下一个画面是在游乐园坐过山车，再下一个画面是在游乐园拍照，就会更有故事感，起码符合基本的讲故事的逻辑。

散文的写作也是一样的，与其用 10 句、20 句去描写各种各样的东西，不如选择一个最能代表你内心想法的场景去表达。

如果让我们写荷塘月色，我们可能会写月光之下的荷塘如何美，风如何吹，荷花如何安静……描写了一大段下来，我们会发现缺少点什么。缺少的就是那个场景化的"魂"。

我们从朱自清的《荷塘月色》中节选三段，大家感受一下：

"沿着荷塘，是一条曲折的小煤屑路。这是一条幽僻的路；白天也少人走，夜晚更加寂寞。荷塘四面，长着许多树，蓊蓊郁郁的。路的一旁，是些杨柳，和一些不知道名字的树。没有月光的晚上，这路上阴森森的，有些怕人。今晚却很好，虽然月光也还是淡淡的。

"路上只我一个人，背着手踱着。这一片天地好像是我的；我也像超出了平常的自己，到了另一世界里。我爱热闹，也爱冷静；爱群居，也爱独处。像今晚上，一个人在这苍茫的月下，什么都可以想，什么都可以不想，便觉是个自由的人。白天里一定要做的事，一定要说的话，现在都可不理。这是独处的妙处，我且受用这无边的荷香月色好了。

"曲曲折折的荷塘上面，弥望的是田田的叶子。叶子出水很高，像亭亭的舞女的裙。层层的叶子中间，零星地点缀着些白花，有袅娜地开着的，有羞涩地打着朵儿的；正如一粒粒的明珠，又如碧天里的星星，又如刚出浴的美人。微风过处，送来缕缕清香，仿佛远处高楼上渺茫的歌声似的。这时候叶子与花也有一丝的颤动，像闪电般，霎时传过荷塘的那边去了。叶子本是肩并肩密密地挨着，这便宛然有了一道凝碧的波痕。叶子底下是脉脉的流水，遮住了，不能见一些颜色；而叶子却更见风致了。"

第一段描写具体的景物，第二段营造了"我"在月光之下的荷塘边上踱步的场景，第三段描写具体的景物。

大家感受到场景化描写的重要性了吗？

我们假设去掉第二段，第一段之后直接接第三段，其实也是可以的，可是你会觉得缺少了一些味道，只是大段大段的描写而已。因为有了第二段场景化的描写，一切都集中了，内容都被这个独自踱步的"我"覆盖了，有了一个一直潜在的"魂"。

所以之后你再写散文的时候，可以问问自己：哪个部分可以不用一直描述，而是集中描写一个场景？这个场景可以是草原上的一棵树，可以是溪流中的一块石头，也可以是车水马龙中的一个人。

比如有人写运动会的场景，就一直描述运动会上大家的表现，有人这样，有人那样，增加了场景化描写后，整个画面瞬间就有了"灵魂"：

"砰的一声，发令枪响了。运动员们像离弦的箭一样飞了出去，他们一个个咬紧牙关，昂首挺胸地朝终点飞奔而去。慢慢地，他们开始拉开距离，你追我赶……"

片段集中描写"发令枪响了"这个场景，给人的感觉会更集中，更有运动会现场的紧张感。

应特别关注的是，场景化的描写可以全篇都用，也可以在一两个段落中使用。

方法三，用描写取代感受。

很多人提到写散文，第一反应是"终于可以'我手写我心'了"，然后就让自己的感受像黄河之水一样顺流而下，洋洋洒洒写完，全篇都是"我觉得""我想""我难受过""我痛苦""我开心"，描写的都是自己的感受。

但散文的本质恰恰在于，你不直接告诉读者自己的感受，而是通过描写你看到的、听到的、闻到的、触摸到的，让读者感觉出你的感受。

就拿我们都知道的朱自清的《背影》来说，全篇没有使用"我父亲是沉默寡言的人，我非常爱我的父亲，父亲辛苦了一辈子，很不容易，我每次想到他都觉得他特别了不起"这种直接的描述，反而让人感觉隔着一层。

朱自清是怎么写的呢？

朱自清在徐州见到父亲后，因为家境衰败、想起祖母而落泪时，父亲安慰说："事已如此，不必难过，好在天无绝人之路！"由南京回北京，他劝父亲不必亲自送行，父亲说："不要紧，他们去不好！"到车上分别时，他让父亲回去，父亲说："我买几个橘子去。你就在此地，不要走动。"最后父亲下车时，叮嘱他："我走了，到那边来信！"父亲走了几步，回头看见他，又说："进去吧，里边没人。"

朱自清全篇没有表明自己的感受，也没有使用花里胡哨的语言，而是使用日常生活中的常用语。正是这些普通句子，把我们拉回到真实的生活，人和人之间的共鸣也因此产生。

可能也有人会疑惑："可是我也看到很多文章在抒发感情呀！"

举个例子，余秋雨的《文化苦旅·莫高窟》中有这么一段：

"如果仅仅为了听佛教故事，那么它多姿的神貌和色泽就显得有点浪费。如果仅仅为了学绘画技法，那么它就吸引不了那么多普通的游客。如果仅仅为了历史和文化，那么它至多只能成为厚厚著述中的插图。它似乎还要深得多，复杂得多，也神奇得多。

　　"它是一种聚会，一种感召。它把人性神化，付诸造型，又用造型引发人性，于是，它成了民族心底一种彩色的梦幻，一种圣洁的沉淀，一种永久的向往。

　　"它是一种狂欢，一种释放。在它的怀抱里神人交融、时空飞腾，于是，它让人走进神话，走进寓言，走进宇宙意识的霓虹……"

　　在这几段中，作者在抒发感受，但他抒发的不是自己的感受，而是客观事物——莫高窟雕像的感受。主语是相对客观的，作者借客观事物去抒发。

　　应特别关注的是，散文描写中有一个认知——客观描写，其好于借助客观视角表达感受，好于主观直接表达感受。

　　以上三种方法，写作者应该怎么练习呢？

　　没有什么聪明的办法，只能"笨办法"——模仿。

　　人家怎么写的，你就比照着人家写一段，一个句式或者突出的段落练上 3～5 遍，基本能成为自己的东西。

　　写好散文不能缺少一个前提，那就是多读散文。你所读散文的多少，可以直接体现在文笔之中。

创意小练笔

从上述 3 种方法中选择一种方法，模仿着写一段话。

_____

_____

_____

_____

_____

_____

05

创作金句的两种方式

金句能大大提高文章的质感，无论是在口语化的演讲稿中，还是在有深度的观点类文章中，有没有金句，差别都很大。金句这么重要，那我们普通人有没有什么小技巧可以写出金句呢？

以下两种方式可以帮你写出金句：

1. 反复

所谓反复，就是将一句话中的两个词来回使用。

例如，"不是看到了才去坚持，而是坚持了才能看到"，就是把"看到"和"坚持"两个词来回使用；"普通的改变，将改变普通"，就是把"普通"和"改变"来回使用。

类似的还有如下句子：

"不是现实支撑了你的梦想，而是梦想支撑了你的现实。"

"不要为了天亮去跑，跑下去天自然会亮。"

大家可以根据这种方式随便写一句金句。前半句的两个关键词定了，后半句颠倒一下顺序，你或许会发现惊喜。

2. 对比

所谓对比，就是对照，取两个有关联的词，一个放在前半句，另一个放在后半句。

例如，"不要把别人的客气，当成你的运气"，就是"客气"和"运气"的对比；"每场相遇都是侥幸，每次失去都是人生"，"相遇"和"失去"也形成了对比。

我们也可以用这种方式自创一个金句："美貌是天生的，丑陋是修炼的。"在这里，美貌对照的是丑陋，天生对照的是修炼。"美貌是天生的"好理解，很多人确实生来就拥有美貌；但"丑陋是修炼的"就比较难理解了，它背后的逻辑是"相由心生，如果你整天都不怀好心，你的面貌就会越来越难看"。

上面两种方式可以很好地帮助你创作金句，但是你应该也注意到了，前提是你要多收集一些金句，并从中汲取灵感。

创意小练笔

你有自己的"金句库"吗？如果没有，快用创建素材库的方法，去创建一个自己的"金句库"吧。

文章的大纲:
源头解决

（01）

写作中许多的问题都是因为没列大纲

在前面的章节中，我们分别学习了文章的选题、文章的结构、文章的素材、文章的语言，也就是把文章的创作拆解成几个零件，去学习各个零件的创作原理和创作方法。

这一节我们开始学习给文章列大纲。有人可能会疑惑：既然大纲起到连接整篇文章的重要作用，为什么不放在第一章呢？正因为大纲就像一篇文章的枝干，上面挂满了好的选题、好的结构、好的素材、好的语言等零件，所以先把这些零件给大家解释清楚，大家才能更好地理解枝干的作用。

1. 列大纲所需时间

就我自己而言，我列大纲的时间至少要占据总体写作时长的50%，主要原因如下：

（1）写作的本质是思考，你用在思考上的时间要尽量多于提笔写作的时间。不去思考，上来就写，写出来的文章要么是流水账，要么前后逻辑不连贯。未经思考的动笔，都是假勤奋而已。

（2）有的写作者完成一篇文章可能只需 15～30 分钟，但是在快速完成文章的背后，他至少花费了几小时甚至一两天的时间来构思这个主题怎么写、每段怎么布局。

所以，大家可以重新安排一下自己的创作时间，想清楚了再去写。

2. 列大纲使用的工具

有人很喜欢用备忘录或者 Word 文档来列大纲，其实也可以。

这里推荐一个更直观的工具——思维导图。思维导图有框架感，容易把你的逻辑一目了然地展示出来。

3. 大纲的细化程度

大纲的内容越详细越好。当你在列大纲的时候，要把自己的逻辑结构、所用到的故事和金句，甚至要用的配图都列出来。也就是说，把前期所做的所有准备都体现在大纲上。

有人可能会问："列这么详细的大纲是否就是写一篇完整的文章？"

其实不是，你列的大纲再详细，也是在列框架，段落和段落之间、句子和句子之间的过渡都需要你在写完整文章时填充。

这一节主要是提醒大家要有大纲意识。这种意识太重要了，它会影响你的逻辑能力、搜索素材的能力等。

创意小练笔

给你将要写的文章列一个大纲，找找感觉。

_____

_____

_____

_____

_____

_____

02

如何列随笔类文章的大纲？

随笔是我们常写的一种文章体裁，你可以把日常所思所想都记录下来，写成随笔类文章。

随笔类文章写作的核心是"形散而神不散"。只有把握住了这个核心，才称得上是随笔，不然就是流水账式的罗列而已。

那如何做到"形散而神不散"地列大纲呢？"三步法"是我们一定要掌握的。

第一步，先把这几天发生的让你印象深刻的事情罗列出来，什么类型的事情都可以，数量不限。

比如有位写作者把这几天的事情罗列如下：

第一件事：批评了一个犯错的人，事后很愧疚，哪怕她错了，也不该当着那么多人的面说她。

第二件事：给团队小伙伴布置任务的时候，我以为她听懂了，等她做出结果后，发现和我布置的完全不一样。

第三件事：结婚快一个月了，还没有时间去见婆婆，心里总惦记着这事。

第四件事：去商场时，本来不想买耳环，但是那位销售员太热情了，不想买也买了。

第五件事：和朋友说好一起去郊区的民宿玩，我为此准备了很久，结果现在自己有事，去不了了，很遗憾……

类似的，简单罗列出最近发生的事情。

第二步，把上面所罗列的事情组合一下，看看哪些事情表达的是相近的主题，并概括出这个主题。

比如上面罗列的5件事中的第一件事、第二件事、第四件事，其实都在表达同一个主题方向：沟通的技巧。

"沟通的技巧"是一个方向，并不是主题，主题得是一个观点。

关于沟通的技巧，适合你表达自己观点的主题是什么呢？思考过后，这位写作者确定了一个主题：真正高效的沟通，一定是站在对方的角度上想问题。原因如下：

（1）直接批评他人，就是没有站在对方的角度想问题，只顾自己，对方未必听得进去，是个负面案例。

（2）给团队小伙伴布置任务时，没有站在对方的角度想问题，以为她听懂了，其实她并没有听懂，也是个负面案例。

（3）商场里卖给我耳环的销售员，她之所以可以卖给并不想买的我，就是因为她时刻站在我的角度想问题，给我介绍适合我的款式、价位，是个正面案例。

两个负面案例，一个正面案例，一起说明一个观点：真正高效的沟通，一定是站在对方的角度上想问题。

第三步，画出思维导图，准备一些零碎素材，开始写作。

先列出一个简单的文档型思维导图：

真正高效的沟通，一定是站在对方的角度上想问题（1000字左右）。

负面案例：

●在公共场合批评别人（200 字左右）会用到《影响力》这本书；

●和团队小伙伴沟通的故事（200 字左右）会用到某公众人物的观点。

正面案例：

●去商场买耳环的故事（200 字左右）会用到父亲跟我说过的一段话。

主体的这 3 个案例确定了，就要去找一些相关的金句或自创金句，或者引用书里的一些话作为点缀，让文章不全是讲个人的事情，从而显得更高级。

接下来的工作就是写作了。

在上述过程中，你可能会遇到 3 个问题。

第一个问题是，罗列就是随便罗列吗？

是的，把让你印象深刻的事情罗列出来就可以。写作是很自由的、很好玩的，是自己和自己的游戏，好好享受它。

第二个问题是，发现不了几件事情之间的共通点怎么办？

万物皆有联系，你不能发现联系是因为思考得太少了。写作的本质是思考，慢慢练，你会受益良多。

主题一定是一个观点，观点就是你想要表达什么，一般一句话就可以概括出来。比如上述事情我们概括出来的主题是"真正高效的沟通，一定是站在对方的角度上想问题"。如果你概括不出来，就说明你没有想明白。你可以试着对自己降低要求来训练，不一定找得非常准确，但要尽全力去找。

第三个问题是，文章的字数问题。

整篇文章写多少字，每个故事写多少字，你说了算，没有固定的要求。

　　大纲列好后，写的时候，尽量不要改大纲。我一般严格按照大纲来写作，不要写着写着就改变了写作方向。如果你更改了大纲，你的逻辑可能又会有问题。你要相信大纲，因为这是你花了很长时间、经过深思熟虑才列出来的。

创意小练笔

　　请你罗列最近几天让你印象深刻的 10 件事，从中概括出 1～2 个主题。

　　选定一个你想写的主题，参考上述步骤拟定一个详细的写作大纲。

_____

_____

_____

_____

_____

03

如何列自媒体文章的大纲？

这一节我们要学习如何列自媒体文章的大纲。

写自媒体文章之前，我们要建立一个基础认知：如果说随笔是"我手写我心"，那么从某种程度上来说，自媒体文章更接近于"我手写他心"。自媒体文章具有以下 3 个属性：

首先，自媒体文章更接近于应用文。

自媒体文章写作和公文写作、论文写作、招聘启事写作是一样的，是一种具有功能性和应用性的写作。它有方法、技巧，类似我们在职场上常见的应用文写作，是有一定规则的。但模板、套路只是其外在的壳，里面的内容如何填补，还是要靠写作者自己。

其次，自媒体文章具有广告的强属性。

媒体的属性就是"广而告之"，我们想到媒体，第一个想到的就是新闻。新闻是什么？是展示在大家面前的那些大家关心的、吸引人眼球的内容。

自媒体也是一样，你不能整天像发朋友圈一样发布自己的心情、生活，这些内容别人一点都不想看。

自媒体文章也要写吸引眼球的东西，这就是为什么说它很大程度上已经不是"我手写我心"，而是"我手写他心"。

最后，吸引眼球的本质是"利他"。

为什么有些自媒体文章能做到既吸引眼球，又能有好内容呢？

很重要的一点就是写作者明白吸引眼球的本质是利他，也就是这篇文章能不能对读者有帮助，如果有，读者一定会点赞、收藏，甚至慷慨打赏。

但是有些自媒体文章做不到利他，整篇文章都是"我我我"。写作者心里没有读者，不知道读者真正关心的事情是什么，也就无法戳中读者的痛点。

举个例子，假如你是一个全职妈妈，天天写自己的时间被挤压得不行，没有自己的生活，这样的内容没人爱看。但如果你写的是自己如何在时间很少的情况下，还能用什么方法持续学习、成长，人生收获了怎样的变化，就会有很多人点赞、收藏你分享的方法。

自媒体文章如何利他？

所谓利他，有一个很重要的标准就是，这篇文章有没有带给别人新的东西。

如果你讲的内容都是别人讲过的，如果这篇文章你自己都觉得很普通，只是随便写写，那肯定也无法给别人带来多大的帮助。

有的人可能无法接受自媒体文章自带的媒体属性，但自媒体文章正是得益于这些属性，才给写作者带来了不错的收入。无论你在知乎、小红书上写，还是在头条等平台上写，都是如此。

那如何列好自媒体文章的大纲，更好地创作呢？

一条路上走的人多了，就成了"套路"。大家都讨厌"套路"，但本质上大家都会发现这条路好走，都想走。

自媒体文章也有一些既定规则（或者说"套路"）。每个自媒体平台对文章的要求都不一样，本节内容以大家比较常见的公众号观点类文章为例来说明。

一般来说，列公众号文章的大纲可以分为 3 步。

第一步，明确你要写的观点。

应特别关注的是，这里说的观点不是主题方向，而是具体的某个观点，也就是用一句话可以概括的内容。比如，"运动与不运动，差的是整个人生""你说的话，就是未来孩子的模样""钱，是世界上最容易得到的东西"等。

这些观点可以是你最近看新闻、与朋友聊天、看书、看剧之后最想表达的观点。

第二步，拆解小观点。

这一步也就是把这个大观点拆解成 3～4 个小观点。

有人会疑惑："我可不可以只表达一个观点？"

当然可以，只是如果你的驾驭能力不强，这样写可能不会出彩，不如使用层次比较多的小观点去论证一个大观点。

这 3～4 个小观点，共有两种结构。

●并列结构。

并列结构是指这 3～4 个观点是平行的，可以随意调换顺序。

比如有一位写作者写了一篇文章叫《最高级的善良，是有共情力》，就用了 3 个小观点来支撑这个大观点：

第一个是共情力是高情商的标配；

第二个是共情力是沟通的基石；

第三个是共情力是人际关系的本质。

这就是很清晰的平行结构。

●递进结构。

递进结构是指由浅入深地表达几个观点。

还是拿《最高级的善良，是有共情力》这篇文章来说，如果用递进结构可以这样写：

第一个小观点，共情力是人与人之间交往的基本原则；

第二个小观点，共情力是人类独有的一种交际能力；

第三个小观点，这个时代，只有具有共情力的人才更容易赢。

3个小观点从人与人上升到人类与其他生物，继续上升到整个时代，这是属于范围上的递进。你也可以采用其他形式的递进。

第三步，搜索匹配的素材。

这一步指用小观点去搜索可以印证你这个观点的故事、案例和金句。

在这个过程中，你需要注意以下几个问题：

●先列小观点，再去搜索故事，这样你的搜索才有方向。

很多写作新手一上来就先搜索故事，搜索了几十个故事后，发现不符合文章整体的框架，最后一个都不能用。

应特别关注的是，先有小观点，再去搜索故事，效率就会高很多。

●为什么要用故事和案例呢？

因为几乎没有人爱听道理，大家都爱听故事，故事更能打动人心。

●故事和案例一定要多样化，文章读起来才不会乏味。

某篇文章使用的故事和案例如下：

第一个小观点用的是明星或者新闻案例；

第二个小观点用自己的故事或身边人的故事；

第三个小观点用书本、电视、电影里看到的故事。

这样故事和案例都不是同一类的，文章层次性会更强。

●故事和案例一定要独特化。

尤其是自媒体文章，应特别注意这一点。写作者尽量不要用那些大家都使用过的案例，比如爱迪生的故事、爱因斯坦的故事，除非你发现了他们鲜为人知的故事。

●要控制故事和案例的字数。

每个故事或案例的字数大约在 500～1000 字就可以了。

如果故事的细节很多，就多写点。如果故事的细节不足，简单交代一下框架即可。

●想要文章的层次更丰富，记得搜索金句，用"故事＋金句"的方式展开论述。

文章的整体框架如下：

大观点；

小观点 1：故事＋金句；

小观点 2：故事＋金句；

小观点 3：故事＋金句。

虽然大部分公众号文章有一定模板化的倾向，但是大框架有了，怎么把细枝末节填好，也很考验写作者的实力。不要因为框架清晰就瞧不起它，沉下心来写的时候，你才会发现，自己看不上的文章也没那么好写。

创意小练笔

选择一个观点，按照本节所说的方法，尝试写一篇公众号文章。

_____

_____

_____

_____

_____

_____

04

如何列故事类文章的大纲？

故事类文章的大纲，相对来说逻辑非常清晰，主要分为以下 3 个部分：

第一部分，交代背景；

第二部分，确定起承转合的整体结构；

第三部分，确定起承转合的顺序，也就是确定讲述逻辑。

每个部分都有需要注意的点。

1. 故事的背景要素

时间、地点、人物是故事的 3 个背景要素。

大家不要小看这 3 个要素，每一个要素的影响都很大。

（1）时间。故事是发生在清晨、上午还是晚上？是发生在夏天、春天还是冬天？是发生在上班路上、上班过程中还是下班途中？是发生在 15 世纪、19 世纪还是当下？时间一定是越细越好。

（2）人物。人物是男人还是女人？几岁？做什么工作？有没有组建家庭？平常有什么爱好？或者说故事里涉及多少个人物？这些人物之间的关系是怎样的？

（3）地点。故事一直发生在同一场景，还是不断变换地点？地点在城市还是乡村？在中国还是外国？地点也是列得越细越好。

无论是虚构的故事还是现实的故事，一定要把这些基本要素都列清楚了再下笔。否则在写作过程中很可能会漏洞百出，或者让人觉得这个故事很假。

2. 故事的起承转合

起承转合是最底层的逻辑，如果一段文字没有起承转合，就无法被称为故事。

长篇小说有几十万字，是在大的起承转合之下包含了很多小的起承转合。短篇小说更是要求在有限的空间内把起承转合写得清清楚楚。

即便是在一篇文章中想要将一个故事作为案例，你也得把这个故事的起承转合讲出来。在你列完故事的时间、地点、人物之后，就要列出所讲故事的起承转合了。

"起"，就是起点的意思，主要讲故事的起因，也就是为什么这件事情会发生。

"承"，就是承接、铺垫的意思。故事都有一个循序渐进的节奏，你得让读者缓慢进入你设定的情景。这个部分需要有一些内容作为铺垫。

"转"，就是转折的意思，也可以理解为高潮。故事和普通的事情不一样的地方就在于它有转折。转折是故事的重中之重，你能不能设计好转折，将直接决定故事质量的高低。

"合"，就是故事的结尾。一般来说，故事都有一个结尾，也有一些人使用开放式的结局。相对来说，开放式的结局更难写一些。开放式结局不是不写，而是你没写，却胜似说了千万种可能。

3. 确定起承转合的顺序

也许有人会问："起承转合的顺序还用确定吗？直接按照这个顺序来，不就行了吗？"

写作其实是很自由的，当我们像堆积木一样把起承转合这 4 个部分组合起来、采用不同的顺序时，就会呈现不同的效果，比如倒叙、插叙这样的写作顺序。

如果你在写作过程中不确定哪种顺序的效果更好，可以试着打乱顺序写，看看哪种效果更好。

创意小练笔

请你找到一个故事，拆解出这个故事的起承转合，这样你会对故事类文章的大纲有更深的领悟。

_____

_____

_____

_____

_____

_____

8

故事创作：
如何写好
一个故事？

01

所有的故事都是"英雄之旅"

我们都知道，在今天这个时代，故事太重要了，小到给孩子讲的童话故事，中到拿到融资的创业故事，大到各个国家都在讲述的自己的故事。

那如何讲好一个故事呢？

在此之前，我们先分享一个概念：英雄之旅。

1. 什么是英雄之旅？

英雄之旅是约瑟夫·坎贝尔提出来的。在他看来，你回顾自己看过的任何一个故事、任何一部电影、任何一部小说，都可以拆解为 12 步，这 12 步合称为英雄之旅。

（1）正常世界。

（2）冒险召唤。

（3）拒绝召唤。

（4）见导师。

（5）越过第一道边界。

（6）考验、伙伴、敌人。

（7）进入洞穴。

（8）磨难。

（9）报酬。

（10）回家的路。

（11）复活。

（12）凯旋。

其实英雄之旅理解起来很简单，你可以回忆一下自己看过的《星球大战》《指环王》《哈利·波特》等，它们虽然风格迥异，但仔细看，就会发现它们是很相似的——几乎都是以英雄为主角、以冒险为题材的作品。这当然不是一种巧合，几乎所有的好莱坞商业片里都能找到英雄之旅的影子。

关于英雄之旅，大家可以记住一组数字：2、4、12。

"2"是故事一般会存在于两个世界：一个是普通世界，另一个是冒险国度。

"4"是一般来讲，主人公要经过 4 个阶段：启程—启蒙—考验—归来。

"12"是指把整个流程细分下来，可以分为 12 个环节。

（1）故事的开始，英雄生活在一个平凡的世界，宁静但暗藏危机。

（2）英雄收到了冒险的召唤。他遭遇了生活变故，或者听到了内心的声音，准备冒险。

（3）想到未知的挑战，英雄会犹豫。

（4）这时，一位智者出现，给英雄建议和帮助，鼓励他接受挑战。

（5）英雄出发了。他离开舒适区，正式踏上未知的征途。

（6）一路上，考验、朋友和敌人接踵而至，英雄在新世界获得成长。

（7）不久后，英雄知道，最危险的敌人正在接近，他要和新伙伴一起面对。

（8）终于，决战到来，英雄要直面强大的敌人和自己内心的恐惧。

（9）接着，英雄战胜了敌人，或是挽救了局面，或是成功逃离困境，获得相应的奖励。

（10）英雄带着他一路上的收获，踏上归程。

（11）这段历程给英雄带来了新生。在归程中他依然会遇到阻碍，但他都能顺利突破。

（12）英雄满载而归，回归宁静或者准备开启新的篇章。

很神奇的是，英雄之旅可以套用到绝大多数电影、小说、游戏中去。

2. 如何使用英雄之旅？

我们都看到了英雄之旅的底层逻辑，那如何使用它呢？

最好的使用方式就是把它当作大纲，尤其是对于写作新手来说，按照这12个步骤来布局，结果往往不会差到哪里去。

我们以电视剧《长歌行》为例子，它就是按照英雄之旅来布局的。我们从女主角李长歌的视角，把故事情节过一遍。

（1）故事的开始，英雄生活在一个平凡的世界，宁静但暗藏危机。

（李长歌从小生活在皇室，生活优渥，但是内廷也在发生一些微妙的变化。）

（2）英雄收到了冒险的召唤。他遭遇了生活变故，或者听到了内心的声音，准备冒险。

（李长歌的生活突然发生变故，内廷生变，她侥幸得以逃出，开始了冒险之旅。）

（3）想到未知的挑战，英雄会犹豫。

（李长歌来到了朔州，寻求朔州太守公孙恒的帮助。这个时候，在"代表朝廷出战"这个未知的挑战面前，她犹豫了。）

（4）这时，一位智者出现，给英雄建议和帮助，鼓励他接受挑战。

（公孙恒以自杀来保全朔州百姓这件事，让李长歌下定决心要站出来。）

（5）英雄出发了。他离开舒适区，正式踏上未知的征途。

（李长歌出发了，踏上了抗击草原势力侵袭之路。）

（6）一路上，考验、朋友和敌人接踵而至，英雄在新世界获得成长。

（一路上她得到了很多人的帮助，很多人坚定地站在了她这一边。）

（7）不久后，英雄知道，最危险的敌人正在接近，他要和新伙伴一起面对。

（不久后，她遇到了草原部落特勤阿诗勒隼，她抵抗不过，被当作战俘带回草原。）

（8）终于，决战到来，英雄要直面强大的敌人和自己内心的恐惧。

（在草原，李长歌意外得知大可汗另有野心，便决定暂放私仇，以身涉险拼死破局，不料身陷死局。阿诗勒隼为救长歌，不惜与大可汗为敌。）

（9）接着，英雄战胜了敌人，或是挽救了局面，或是成功逃离困境，获得相应的奖励。

（李长歌与阿诗勒隼奋力抗争，联手守护了大唐与草原的和平。）

（10）英雄带着他一路上的收获，踏上归程。

（李长歌以英雄的身份，回到她心心念念的大唐。）

（11）这段历程给英雄带来了新生。在归程中他依然会遇到阻碍，但他都能顺利突破。

（李长歌还有一件心事，就是和当朝皇帝之间的私人恩怨。他们能否冰释前嫌？最后她顺利做到了。）

（12）英雄满载而归，回归宁静或者准备开启新的篇章。

（李长歌和阿诗勒隼有了团圆美好的结局。）

英雄之旅是很多故事创作的大纲，它既可以作为小逻辑出现在故事中，也可以作为大逻辑来构建整个故事的结构。

创意小练笔

请回想一下，你看过的电视剧或者电影、小说中有没有特别符合英雄之旅逻辑的？试着按照上述步骤将其中的逻辑列出来感受一下。

02

写好故事的 5 步法

会写故事是写作者的标志性能力。那到底如何写出一个好故事呢？

1. 调动自己的回忆或者想象力，初步找到一些类似故事的东西

这一步很重要，很多人都会忽略。有人认为，写故事应该是天马行空的，但一切故事皆有来处。尤其对于写作新手而言，能调动你的回忆去创造，就是很好的方法。

但是大家记得要找具体的事情，不要找一个概念、一个意识或者一个道理，这些很难驾驭。

所谓事情，就是有画面感、有情节的东西。

比如你和小王吹牛的故事，你和前任分手的故事，你晚上骂人的故事，你冬天喝茶的故事，甚至你的一个梦，等等。当然也可以是你在新闻上看到的别人的故事，或者你听别人讲的故事。

重要的就是先找到一件你想写的事情，作为故事的底色、故事的模型，在此基础上再进行下一步发挥。

2. 找到故事中的冲突点

故事一定是有冲突的，有些冲突是天然存在的，但有些冲突是需要人为制造的。这个时候，写作者就要懂得运用一些技巧。

（1）什么是冲突？

冲突就是对立的双方。切记，一定是双方，单方面是无法形成冲突的。比如两个人会有冲突，两件事情会有冲突，两种心理会有冲突，总之，得是"双方"才可以。

（2）冲突的类型。

一般来讲，冲突分为两种类型。

一种是内在冲突，比如"你想去"和"不想去"，"你想要"和"不想要"，"你喜欢"和"你没那么喜欢"，"你热爱"和"你迟疑"，"她失落"和"她挣脱失落"等。换个直白点的说法，内在冲突就是人们的"内心戏"。

另一种就是与内在冲突相对的外在冲突。这大致又可以分为两类：一类是人和人之间的冲突，比如你和父亲的冲突，女儿和妈妈的冲突，你和同事的冲突；另一类是人和环境的冲突，比如一个人去到了新环境很不适应等。

相对来说，写作新手在练习的时候，可以先从外在冲突写起。内在冲突比较隐秘和微妙，需要构建外在环境。写作者可以在外在冲突练习得差不多的时候，再强化练习内在冲突。

威廉·福克纳说：人内心的冲突是真正且唯一值得书写的对象。没错，一切外在的动作都不过是内在冲突的显现而已。现实生活都是内在改变导致外在改变，而练习写作的顺序可以反过来，从写外在冲突进化到写内在冲突。

（3）制造冲突的方法。

制造冲突的方法主要有 3 种：限制时间、限制空间和限制人物。

首先是限制时间。

限制时间就是把故事发生的时间限制在一天、一个小时、一台手术中、一场舞会上，这样冲突的张力就能在有限的空间内开启了。

比如我们都知道的《寻梦环游记》这部电影，就把故事情节限制在了"亡灵节"这一天。我们都在为小男孩米格捏把汗，担心他是否能在这个时间段内实现自己的愿望。更别提咱们都知道的《灰姑娘》了，她必须在晚上 12 点之前回去，不然就会露馅。

时间一限制，人们的心就会跟着被牵引，冲突也就出来了。

其次是限制空间。

我硕士研究生毕业时，写了一个剧本叫《太太的客厅》。大家一看到这个名字就知道，所有的故事都限制在了"太太的客厅"这个空间里，冲突就容易出来了。还有我们都知道的《加勒比海盗》，也是将空间限制在了海上；而《肖申克的救赎》就是将空间限制在了监狱里。

空间一限制，冲突的张力也就立刻出来了。

最后是限制人物。

很多人认为故事中人物越多越热闹，其实不尽然。很多对故事情节没有作用的人，反而会让整个故事的水准下降。

大家一定要记得：故事里的人物也是有生命的，你不能随便放弃一个人，这就好像"杀死"了他。让一个人出现得有出现的理由，让一个人消失得有消失的理由。

3. 刻画故事当中人物的性格

故事源于生活，所以我们在讲故事的时候，要注意贴近生活，才会给人真实感。现实生活中，我们都会对有性格的人印象深刻，无论他是颓废的、有礼貌的还是憨厚的。故事里也一样，有性格的人物才能为故事加分。

（1）人物性格创作的一个原则：没有性格的人不能写。

如果这个人没有性格，说明你还没有想好怎么写他，就先不要让他进入故事，不然会显得很累赘。这就像大家一起聚会，一个人没有存在感一样。

（2）人物性格创作的3个层次。

第一个层次是人物扁平化。人物扁平化指这个人只有单一性格，要么憨厚，要么开朗，要么坚忍。咱们小时候看的很多电视剧、电影、小说中的人物都这样。

第二个层次是人物立体化。人物立体化就是这个人看起来是一个有七情六欲的正常人了。比如在电影中有一个士兵，在战场上很英勇，但是回到家里，是个"小哭包"，特别爱哭，这个人物就瞬间变得可爱和形象了。

第三个层次是拥有自己的人生。这里有一个经典的例子。列夫·托尔斯泰在写《安娜·卡列尼娜》的时候，其实是不想把她"写死"的，但是没有办法，她拥有自己的人生，她在故事里必须死去。

也就是说，在第一个层次和第二个层次，写作者或许可以控制人物，愿意把人物写成什么样就写成什么样；但是到了第三个层次，人物有了自己的生命，就不再受写作者控制。

（3）如何创作人物性格？

这里分享两种常用的方式。

第一种方式是通过"吃穿住用行"等细节描写来展现一个人的性格。

比如，一个整天穿拖鞋的女性和一个整天穿高跟鞋的女性，性格很可能是不同的；一个出门总爱打车的人和一个出门总爱骑自行车的人，性格也可能不一样。

你想塑造哪种性格，就给他相符合的在"吃穿住用行"方面的习惯。

第二种方式是通过他和别人之间的关系来展现一个人的性格。

比如你想突出一个人很憨厚，就可以让他和一个心机深沉的人同样面对别人向自己借钱的事：心机深沉的人会犹豫借不借、收多少利息，而憨厚的人会第一时间把钱借出去。人只要有所行动，就会体现其性格。

（4）如何创作一个性格丰满的人物。

很多成熟写作者在写作时会用到的步骤如下：

第一步，先设定一个鲜明的、突出的主性格，比如这个人的主性格是泼辣。

第二步，添加辅助性格，让人物性格更丰满，比如她的辅助性格是心软。一个人如果既泼辣又心软，是不是很有趣？

第三步，和其他角色性格形成对比，强化性格。比如让她和一个很有礼貌、很稳重的人产生交集，凸显她泼辣但心软的性格。

第四步，做违背她性格的事情，凸显她的性格。比如这个泼辣但心软的人，和朋友有矛盾，大吵一架，吵的时候她很解气，但是回家就后悔了。

第五步，深化性格。比如最后发展到她开始把泼辣的性格收一收，变成一个更有同理心的人了。

这些故事中的人物，像不像真实的人呢？故事里的人物也会变化，也会成长，你怎么看待这个世界上的人，就应该如何看待故事中的人物。

4. 根据冲突点和人物性格来构建起承转合

这里建议你运用起承转合的步骤，结合英雄之旅，构建文章的起承转合。

5. 添加故事背后的深意

　　故事的格局就是一个人的格局。如果写作者对世界、人生没有很深的思考，那他的故事所透露的世界观和价值观也会比较浅薄。

　　比如你写一个男生被家里安排相亲的故事，如果你只把主旨定在"婚恋不易"这个层面就太浅了，再往深里挖一层，可能会挖到"人的孤独"这个层面。加一点这样的情节和设定进去，整个故事的味道会更复杂，层次更丰富。

创意小练笔

请找一篇你最喜欢的短篇小说，结合上述写故事的方法进行阅读和思考，把你的阅读心得写下来。

_____

_____

_____

_____

_____

（03）

实操练习：故事案例拆解

　　我们用拆解一个故事的实操练习，让大家直观地感受一下故事的魅力以及故事的创作技巧。

　　这篇文章节选自作家吴念真的《思念》：

　　小学二年级的孩子好像很喜欢邻座那个长头发的女孩，常常提起她。每次一讲到她的种种琐事时，你都可以看到他眼睛发亮，开心到藏不住笑容的样子。

　　他的爸妈都不忍说破，因为他们知道不经意的玩笑都可能给这年纪的孩子带来巨大的羞怒，甚至因而阻断了他人生中第一次对异性那么单纯而洁净的思慕。

　　双方家长在校庆时孩子们的表演场合里见了面；女孩的妈妈说女儿常常提起男孩的名字，而他们也一样有默契，从不说破。

　　女孩气管不好，常咳嗽感冒，老师有一天在联络簿上写说：邻座的女生感冒了，只要她一咳嗽，孩子就皱着眉头盯着她看，问他说是不是咳嗽的声音让你觉得烦？没想到孩子却说：不是，她咳得好辛苦哦，我好想替她咳！

　　老师最后写道：我觉得好丢脸，竟然用大人这么自私的想法去污蔑一个孩子那么善良的心意。

爸妈喜欢听他讲那女孩子点点滴滴，因为从他的描述里仿佛也看到了孩子们那么自在、无邪的互动。

"我知道为什么她写的字那么小，我写的那么大，因为她的手好小，小到我可以把它整个包——起来哦！"

爸妈于是想着孩子们细嫩的双手紧紧握在一起的样子，以及他们当时的笑容。

"她的耳朵有长毛耶，亮晶晶的，好好玩！"

爸妈知道，那是下午的阳光照进教室，照在女孩的身上，女孩耳轮上的汗毛逆着光线于是清晰可见；孩子简单的描述中，其实有无比深情的凝视。

三年级上学期的某一天，女孩的妈妈打电话来，说他们要移民去加拿大。

"我不知道孩子们会不会有遗憾……"女孩的妈妈说，"如果有，我会觉得好罪过……"

没想到孩子的反应倒出乎他们意料之外的平淡。

有一天下课后，孩子连书包也没放就直接冲进书房，搬下世界旅游的画册便坐在地板上翻阅起来。

爸爸问他说：你在找什么？孩子头也不抬地说：我在找加拿大的多伦多有什么，因为 ×× 她们要搬家去那里！

画册没翻几页，孩子忽然就大笑起来，然后跑去客厅抓起电话打，拨号的时候还是一边忍不住地笑；之后爸爸听见他跟电话那一段（端）的女孩说：你知道多伦多附近有什么吗？哈哈，有破布耶……真的，书上写的，你听哦……"你家那块破布是世界最大的破布"，哈哈哈……骗你的啦……它是说尼加拉瓜瀑布是世界最大的瀑布啦……哈哈哈……

孩子要是有遗憾、有不舍，爸妈心里有准备，他们知道唯一能做的事叫"陪伴"。

后来女孩走了，孩子的日子寻常过，和那女孩相关的连结好像只有他书桌上那张女孩的妈妈手写的英文地址。

寒假前一个冬阳温润的黄昏，放学的孩子从巴士下来时神情和姿态都有点奇怪。他满脸通红，眼睛发亮，右手的食指和拇指好像捏着什么无形的东西，快步地跑向在门口等候的爸爸。

"爸爸，她的头发耶！"孩子一走近便把右手朝爸爸的脸靠近，说，"你看，是 × × 的头发耶！"

这时爸爸才清楚地看到孩子两指之间捏着的是两三条长长的发丝。

"我们大扫除，椅子都要翻上来……我看到木头缝里有头发……"孩子讲得既兴奋又急促，"一定是 × × 以前夹到的，你说是不是？"

"你……要留下来做纪念吗？"爸爸问。

孩子忽然安静下来，然后用力地、不断地摇着头，但爸爸看到他的眼睛慢慢冒出不知忍了多久的眼泪。他用力地抱着爸爸的腰，把脸贴在爸爸的胸口上，忘情地号啕大哭起来，而手指依然紧捏着那几条正映着夕阳的余光在微风里轻轻飘动的发丝。

相信所有看过这篇文章的读者都会有一种感觉：这篇文章太有味道了。

简简单单的故事，为什么会有味道呢？

我们从 5 个角度来拆解。

第一，这篇文章的结构是"大的起承转合"套"小的起承转合"，增强了叙述的丰富性和层次性。

首先，从整体的框架来看，这篇文章有一个非常好的大的起承转合的结构。

　　起：小学二年级的孩子很喜欢邻座那个长头发的女孩。

　　承：男孩无比深情又单纯地喜欢着那个女孩。

　　转：三年级时，女孩突然要移民加拿大了。

　　合：女孩走后，男孩的平常生活中隐藏着巨大的思念。

　　其次，从"转"这个部分来看，又有一个小的起承转合结构。

　　起：小女孩要移民加拿大了。

　　承：大家都以为这个小男孩会很难过，并做了心理准备。

　　转：男孩和女孩开着只有自己觉得可笑的"破布"玩笑。

　　合：女孩走了，男孩的日子就这样寻常过着。

　　大的起承转合套小的起承转合，让文章看起来不是平铺直叙，让读者觉得高级、有回味。

　　第二，这篇文章虽然采取的是"上帝视角"，但一直是以男孩的角度来切入的，所以让读者觉得回味。

　　所谓"上帝视角"，就是什么都能看到的视角，所以这个故事里男孩会怎么做，男孩的父母会怎么做，女孩的父母说了什么，大家都知道。如果一直以这种视角叙事，就会特别乱，失去重点。

　　所以在此基础上，作者选择从男孩的角度来讲述。文章讲解了男孩喜欢女孩，男孩关注女孩的一举一动，男孩在知道女孩要移民时的态度，男孩在女孩走后的状态。我们只能从男孩身上感受情感的变换，完全不知道女孩是怎样想的，这种类似于"暗恋"的有点明确又有点不明确的感觉，让我们感受到更浓的情感回味。

　　第三，从全篇主旨来看，这篇文章的题目叫作《思念》，但是大家可以看到全篇没有写"思念"两个字，都是用细碎的细节来表达。

　　这里面的细节，都是非常独特的。女孩咳嗽时，男孩的心疼；女孩写字小，男孩以为是女孩手小的天真；尼加拉瓜瀑布的笑话；木头缝里的头发。

这些细节并不是一般人可以想到的，要么是作者亲身经历或者听说过，要么就是作者拥有高超的创作能力。这些很小的细节，因为独特、真实，让我们更觉得回味无穷。

第四，整体叙述极其克制。

所谓克制，就是叙述时点到为止，不说破。

比如，"画册没翻几页，孩子忽然就大笑起来，然后跑去客厅抓起电话打，拨号的时候还是一边忍不住地笑；之后爸爸听见他跟电话那一段（端）的女孩说：你知道多伦多附近有什么吗？哈哈，有破布耶……真的，书上写的，你听哦……'你家那块破布是世界最大的破布'，哈哈哈……骗你的啦……它是说尼加拉瓜瀑布是世界最大的瀑布啦……哈哈哈……"

创作经验不多的人，可能会在这里加一段评价，比如"看到这一幕，男孩父母的眼泪都要笑着流出来了"，或者"你看，孩子之间的爱就是这么纯真"。而这样的评价说出来，就让读者失去了品味的机会，不说出来反而更高级。

又如，"孩子忽然安静下来，然后用力地、不断地摇着头，但爸爸看到他的眼睛慢慢冒出不知忍了多久的眼泪。他用力地抱着爸爸的腰，把脸贴在爸爸的胸口上，忘情地号啕大哭起来，而手指依然紧捏着那几条正映着夕阳的余光在微风里轻轻飘动的发丝。"

创作经验不足的人可能会在这里给出定论，或者给出评价，点出"思念"两个字。但作者只是克制地描述男孩的动作，他动作中的点点滴滴都代表着思念。

应特别关注的是，写故事时，能用画面、对话来展示的，坚决不用论述。

　　写故事，要用事情本身来体现你的价值观或者观点，而不要像写议论文一样直接给结论。

　　第五，用大量的对话来推动情节的发展。

　　对话比叙述性的或者描述性的文字更有味道，因为它生动。你自己可以数一数，这篇文章中有多少句对话，占了文章多大比重。

　　这篇文章还很特殊的一点是，一般我们提思念，都会想到父母和儿女之间的思念，或者爱情相关、友情相关的思念，这种孩子之间单纯的甚至是无来由的爱和思念本身，就足够我们惊喜了。

创意小练笔

　　请你试着用上述步骤去拆解一个你喜欢的故事，并把拆解的过程记录下来。

_____

_____

_____

_____

_____

_____

9

小说写作

01

写小说，从有画面感的想象开始

很多人都喜欢读小说，也想要尝试创作小说，对于大部分人而言，面临的第一个问题就是：小说太复杂了，该从哪里下手？

依据我的经验，可以从有画面感的想象开始。

比如有一天你去逛街，看到一对夫妻在吵架，吵得不可开交。如果写成观点类文章，你可以从经营婚姻或者夫妻沟通的角度去写。

如果要写成小说，就要"咔嚓"一下，打开大脑中的某个开关。你可以想象这一对夫妻吵架的理由是什么，过程是怎样的，会有什么样的后续和结局。

可以说那些喜欢写小说的人是幸福的，因为他的想象可以无限广，会有创作故事的快感。

再如，你在路上走着走着，看到一片树叶落了下来，你就可以想象这片树叶，可能是几年前出生在这个地方的，每年它只有几个月的时间可以看世界，剩下的时间都要休眠。那在休眠的时候，它在做什么事情呢？在看世界的时候，它是如何理解这个世界的呢？

有一位著名作家经常给自己做小说思维训练。他在车上、飞机上或在等人时，就在脑海里想象一个故事：在茫茫沙漠中，突然发现了

10 吨黄金，该怎么办？

首先他得想，我如何把黄金运出去？我需要哪些人帮忙？怎样防止这些人抢黄金？这只是一个整体的构思，还有很多细节需要想象。因为是一个人在沙漠中发现了黄金，所以他得走出沙漠找人帮忙，那么返回之前，黄金被别人发现了怎么办？怎么预防呢？怎么能让黄金不被别人发现呢？再如，10 吨黄金是不是得切割以后运送出去？会不会因为体积太大，运不出去？

很多年里，这位作家一直在做这个想象练习，想象每一个细节，甚至他把如何兑换黄金都打听清楚了。马伯庸把这个想象练习放在脑海中，一次次发酵，直到有一天，这个想象完整了，他就可以写出来了。

从上述内容不难看出，写小说可以从现实生活中任何一个有画面感的场景入手。

或许你会问："我想象不出来怎么办？"

事实上，每个人都有天然的想象力，我们都会做梦，这些都是小说创作的来源。

如果实在想不出来，一般有两个原因。

一是你很少在脑海中做这种练习，也不爱想象，没有形成习惯。

如果你有孩子，可以和孩子一起做这个练习，比如给孩子讲一些你想象的故事，关于动物，关于星空，关于神话故事。如果没有孩子，你可以和爱人讲故事，漫无边际地想象一个故事，这也很浪漫。

二是你还不够大胆，不敢展开想象的翅膀。

不要害怕自己的想象太奇怪，只要你能找到故事内在的逻辑，就是好的小说底子。

应特别关注的是，创作小说的第一步应该是自由想象、自由联想，在此基础上再进行主题的锤炼、故事的打磨以及结构和语言的修饰。

创意小练笔

请你无厘头地想象一下，借由你遇到的或者想到的画面，形成小说底子。先不用考虑主题、语言、结构等，把小说梗概写下来，你会发现这非常有趣。

_____

_____

_____

_____

_____

(02) 如何提炼小说的主题？

如同我在上一节所说，我们可以漫无天际地想象一些故事。接下来，我们要做什么呢？和普通文章的写作一样，我们要提炼主题了。

小说的主题怎么提炼？

为了方便大家理解，我们还是用之前提到的例子——"看到一对夫妻在吵架"。

我们可以想象出以下两种情节：

第一种我们能想到的情节是老公把他们的定情信物弄坏了，加上她发现老公和别的女人暧昧，于是非常生气，但是她的老公觉得自己很无辜，因为他真的是不小心把定情信物弄坏了，而且那些暧昧的短信也是误会……

如果是这样想象，我们能提炼出来的主题就是关于爱情和婚姻的，更细致一点说就是婚姻中应该减少对另一半的猜疑和不安全感。

第二种我们能想到的情节是夫妻在街边吵架，有一个细节是他俩骑的摩托车的挡风玻璃碎掉了。于是我们可以接着想象，他俩在路上和另一辆电动车相撞了，本来他们可以要一些赔偿的，可是她老公不想要了，因为撞他们的这个人正好是他的前领导，而这个前领导和她老公之间有很多令人唏嘘不已的故事。这个前领导之前是开宝马的，现在竟然骑着电动车出现在街上。她不管这些，认为撞了人就要赔偿……如果我们这样想象，能提炼出来的主题可以是人生无常，还可以讨论人性。

当然，我们还可以想象出第三种、第四种、第五种，甚至可以想象：这对夫妻在街边吵架，但其实这两个人是外星人，他们只是来地球上做一个关于"人为什么要吵架"的课题。随之可以想象出来，他们遇到的那些让人忍俊不禁的事情。

无论你如何想象，最后总能提炼出一个主题，这个主题或大或小、或深或浅，这和你的思考深度、对世界的认知有关系。

主题提炼出来了，接下来怎么做呢？

接下来你就要把和主题相关的想象留下，而把和这个故事没有多少关系的情节删掉，初步列出大纲。

比如我们想象了50种情节，但是其中和表现婚姻中的猜疑相关的情节，其实只有34种，剩下16个可有可无或者说与表现他俩的性格有关系，但是与表现婚姻中的猜疑没关系，那就可以删掉。根据剩下的34种情节列大纲，看看先讲什么后讲什么会更好，像一个厨师炒菜一样，看看能炒出什么花样来。

比如你选择第二种情节，表现人生的无常，你也想到了50种情节，但是和人生无常相关的只有27种，剩下的23种都是和婚姻相关的，那就把那23种删掉，只在27种上下功夫。

你在删减情节、列大纲的时候，就可以顺便判断自己是想把这个故事写成短篇小说、中篇小说还是长篇小说。

一般来说，短篇小说是指2万字以下的小说，中篇小说是指3万～10万字的小说，10万字以上的一般就是长篇小说了。

　　小说类型和你的主题是没有太大关系的，每个主题都能写成短篇小说或者长篇小说，关键是看你的情节是否足够丰富和有层次。

　　写作新手可以从短篇小说练习：一方面，它比较容易控制；另一方面，它其实非常考验技术，所谓"麻雀虽小，五脏俱全"，下笔就得是扎扎实实的。

创意小练笔

把你在上一节展开的无厘头的想象按照某一个主题梳理一下情节。

_____

_____

_____

_____

_____

03

如何列小说的大纲？

无论是短篇小说、中篇小说还是长篇小说，大家都可以从以下 5 个维度来列小说的大纲：

1. 题材设定

题材设定包括 3 个方面的内容。

（1）判断你写的小说类型是短篇小说、中篇小说还是长篇小说，也就是小说的篇幅。

（2）确认小说的类型是爱情小说、武侠小说，还是科幻小说、历史小说等。

（3）设想小说未来想要发表的平台，是希望投稿到文学期刊，发表在网络平台上，还是计划单独出版。

应特别关注的是，"以终为始"，设计好未来的发表路径和呈现形式，才能有的放矢。

2. 给小说取一个合适的名字

之所以说合适，是因为你要发表的平台的调性决定了你要给小说起一个什么样的名字。

有些人建议给小说取名字要直接，但这很可能是针对网文来说的，比如《诛仙》《遮天》《斗破苍穹》等，简单大气。

但如果你想要发表在《人民文学》《小说月刊》等杂志上，书名就要有一定的文学性或文学意味，比如《棋盘上的麦子》《手臂上的蓝玫瑰》《他乡故知是麻雀》。

马尔克斯说："对作家而言，开头的第一句往往就是全篇的基调，它决定着结构，更决定着叙述风格的选择。"

取名字在某种程度上也同样意味着全篇基调的确立，一旦名字确定，整本书的调性也就确认了。当然也有写作者会最后确定名字，但其前期基本上都会有一个大概的名字用以确立基调。

3. 列清楚故事背景

所谓故事背景，就是这个故事发生在什么样的大背景下：是发生在"仙界"，是发生在暴雪过后的乡村，还是发生在 2021 年的北京职场；是一个人的情爱复仇，还是一群人遭遇行业衰退后的失落。列清楚故事背景就是把故事发生的自然、社会大背景都慎重考虑清楚，找到孕育故事的土壤，让它在这片土地上生根发芽。

4. 列故事的主要情节

大家都知道故事情节主要分为起承转合 4 个部分，但具体实操起来，包含 3 个部分。

（1）故事的主线，也就是最突出的一条矛盾线。

（2）故事的支线，也就是和主线并列但是不如主线重要的第二条线。

（3）隐藏线。

故事如果有隐藏线就会很高级，让人回味无穷。如果没有，凭借主线和支线也可以很好地展开。

小技巧：

一是列思维导图比列线性图更好，逻辑感更强、更清晰；

二是大纲最好列得细一点，把每一章、每一节的情节都列出来，这样会少出问题；

三是最好配合着时间来列情节。如果不注意时间，很可能这个情节发生在一天之前，下一个情节发生在一天之后，可是明明这两个情节在一小时内发生更精彩。

应特别关注的是，时间是很多小说写作者容易忽略的点，把时间利用好，同样的情节也会有别样的精彩。

5. 列人物设定

说起列人物设定，大家可能觉得这很容易，写一下男主人公、女主人公和一些男女配角就可以了。如果只是这样简单设定，之后可能会出现各种人物关系相矛盾的情况。所以，我们要提前准备妥当，有备无患。

列人物设定有以下两种方法：

（1）尽可能给每个人物写一个人物自传，尤其是长篇小说的人物。

成熟的写作者在撰写人物的时候，会写一个人物自传，也就是把这个人的姓名、年龄、职业、家庭关系、爱好、收入等事无巨细地列出来。

这样做的好处是这个人物会设定得更立体，而且有可能你在想他身上的某个特点的时候，会产生灵感。比如一个人的爱好是吃鱼，那就可以有意设置一些与鱼有关的小情节。

在《小说的骨架》这本书中，作者给出了一些罗列人物自传的点，大家可以参考一下：

信息	内容
名字：	他喜欢自己的名字吗？ 他的名字对他而言有什么特殊含义？
生日：	
出生地：	
父母：	对他们而言，什么最重要？
兄弟姐妹：	
成长环境（经济/社会）：	
民族：	
住过的地方：	
现在的住所及电话号码：	
教育背景：	
学校里最喜欢的科目：	
特长：	
职业：	
工资：	
旅行：	
外貌	
体型：	
仪态：	
头部形状：	
眼睛：	
鼻子：	
嘴巴：	
头发：	
皮肤：	
文身/穿孔/伤疤：	
声音：	
衣着：	
人们首先会注意到他的什么：	

信息	内容
他会如何描述自己：	
健康状况（有无生理缺陷）：	
性格：	
人格类型：	
性格的坚强之处/软弱之处：	他强势的一面有时反而会成为他的弱点，为什么？ 他是否自律？他的自我控制力如何？ 他会因为什么而愤怒？
朋友：	
和谁住过：	
和谁起过争执：	
和谁共度过时光：	
希望和谁共度时光：	为什么？
他最崇拜的人：	
大家对他的评价：	
敌人：	
恋爱或婚姻关系：	
子女：	
人生观：	
信仰：	
如果可能的话，他想改变自己的是：	
他无法摆脱的心魔是：	他有没有欺骗自己？
乐观/悲观：	
真实的/伪装的：	
道德水准：	
自信程度：	
特别的日子：	

（2）可以画一下人物的情节地图。

我们在列具体情节的时候，会把故事的情节列清楚，至于每个人身上发生的故事，可能不会列。这个时候，如果你结合故事的整体情节，给每个人列一下属于他本人的情节地图，结合他的人物自传，可能会有很多意想不到的发现。

　　小说类似于交响乐，是许多乐器协作的结果，相对复杂。但这些都是小说的底色，如果有一天你训练得足够多，也会很容易地完成这些内容。

创意小练笔

请你用短篇小说来练一下手，或者找一篇短篇小说，从上述几个维度拆分一下。

_____

_____

_____

_____

_____

_____

04

如何塑造小说中的人物？

如何从无到有地塑造一个丰满的人物呢？网络上有各种各样的方法和技巧，分享一个我常用的"笨"方法。这个方法一共分为3步。

1. 用"标签化"确定人物性格

大家听到"标签化"一词的时候，可能会惊讶：大家都反对标签化，你为什么还要提倡标签化呢？

事实上，这里所说的"标签化"是指找到人物的核心品质或者核心定位。比如你想展现这个人"不着调"，想展现这个人"憨厚"，想展现这个人"轻浮"，只要把人物性格确定好了，这个人就"稳"了。

2. 可以适当制造反差，让人物不枯燥

比如你想要展现一个人"憨厚"，如果他从小说的开头到结尾一直显得憨厚，也就没有什么可看性。如果你在憨厚的基础上加一些别的性格，比如"经常撒善意的谎"，因此引出很多"好心办坏事"的情节，这个人物就有趣多了。

憨厚和"撒谎"是有反差的，为了让憨厚立得住，人物不能真的撒谎，只可以撒一些善意的谎言，令人啼笑皆非、忍俊不禁。

3. 可以赋予人物 1~2 个其他明显的特征

我们还是拿"憨厚"来说，如果人物只是憨厚，会很无趣，不立体。如果我们在此基础上说他的发型是"地中海"，这个人物就有趣很多，而且这个发型可以和一些情节结合在一起。

上面所说的"其他明显的特征"的范围很广，既可以是某一项天赋、他的外在容貌、他的身份背景，也可以是他的性格、他的神态、他的小癖好等。

基于上面 3 点，你就可以看出，一个憨厚、爱撒善意的谎言，有着"地中海"发型的男人，是不是相对比较立体呢？

但是在人物塑造方面，以下 3 点极容易被忽视：

首先，人物可以不仅仅依赖于他自己的特征来塑造，也可以依靠他和其他人物的关系来塑造。当你不知道如何塑造人物时，借助他人是一个不错的选择。

其次，人物不能仅仅依靠这些外在特征和内在性格来塑造，人物最核心的"魂"应该是他的情感，一个没有情感的人是无法打动人的。只有特征没有情感，这个人物会不真实。

最后，每个人物都有自己的人生，所以写作者要去看更大的世界。只有这样，你才知道世间百态，才不会因为你没有见过而不按照正常的逻辑来写。小说中的人物不必完全符合现实，但要符合逻辑。

创意小练笔

找出你喜欢的作家笔下最棒的一个人物，分析一下你为什么喜
欢这个人物。

_____

_____

_____

_____

_____

_____

05

如何写好小说语言？

我们先进行小说语言的分类。

这时候有人会问："小说语言还需要分类吗？"

当然需要，只有分了类，我们才能注意其中的区别。

小说语言大致分为两类：一类是叙述语言，另一类是人物语言。

所谓叙述语言，就是叙述人的语言，也就是作者交代背景、环境等所使用的语言。叙述语言经常被大家忽略，导致大家一想到小说语言，就想到人物对话。其实叙述语言非常重要，它对小说叙述的调性起着决定性作用。

比如，一个作者想要交代"山峰在云雾中若隐若现"这样一个故事发生的背景：

如果他写"山峰云雾缭绕"，就是客观地叙述，没有感情色彩；

如果他写"整个山峰被云雾包裹住了"，就带入了主观的感受，而不只是客观地描述；

如果他写"云雾紧紧包裹住了山峰，让它没有喘息的机会"，就有了更强的主观感受。

作者所用的语言完全可以改变小说的整体调性。

另一类语言是人物语言，大家对此都很清楚，就是人物在对话过程中经常使用的语言，也可以简单称为对话描写。人物语言看似简单，写起来其实并不容易。

汪曾祺先生在最开始学习写人物语言时，经常写得富有诗意和哲理，用很多华丽的辞藻。他的老师沈从文先生看见后说："你这根本不是对话，是两个聪明的脑壳在打架。"

给大家分享 5 个在写人物语言时会用到的小方法。

●人物语言要符合人物身份，这个身份包括他的性格、年龄、职业等。

比如你让一个 5 岁的小女孩说出"海面氤氲着一层雾气"是不太可能的，因为她可能连"氤氲"这两个字都不认识呢。

汪曾祺先生举过一个例子：有人描写一个小学生对女同学的印象是"她长得很纤秀"。汪曾祺先生很奇怪：一个小学生脑海里为什么会有"纤秀"这样的词？

人物语言符合人物身份是一个很重要的前提，不要让人"出戏"，也不要闹笑话。

●要想将人物语言写出彩，可以适当地让人物说出一些超出读者固有思维的表达。

你会不会觉得这和上一个方法有些冲突？其实不是，大多数情况下，我们都应该让人物的语言和人物的身份相符合，但是在有些情况下，扔掉固有的表达，灵活运用语言反而能让文章更出彩。

应特别关注的是，偶尔穿插一些这样跳脱的语言，文章会更出彩。

●创作对话时，不要有问必答，而要拐弯抹角，制造冲突，从而推进故事的发展。

下面的对话你一定很熟悉：

"我们去逛街吧。"

"好呀！我正好也想去买点东西。"

"现在走吗？"

"可以啊。"

"开谁的车？"

"开你的车。"

"好，正好我的车要去加油。"

"啊？你的车快没油啦！"

相信没有人喜欢看到这样的对话，这就是有问必答，既不能体现人物性格，也无法推进故事发展。

那如果我们让人物偏离地回答，制造一些冲突呢？

"我们去逛街吧。"

"我没办法出去，我前夫今天要来家里。"

简单的一句话，就把"前夫要来家里"这个关键的信息带了出来。如果是描绘这两人的婚姻和爱情的小说，就可以直接进入下一个段落了。

创作人物对话时，你可以用各种各样的方式，唯独不要有问必答，把日常生活中无聊的对话原封不动地搬到文章中。

●删掉一些多余的词语，让语言看起来简洁、专业很多。

比如我们在日常生活中经常会用到的"是吗""对吧""我也觉得""嗯嗯""我有吗""好吧"，就没有必要写出来，切忌照搬生活语言。

●多用短句子，少用长句子，短句子中也可以用一些俗语、成语、方言等。

对于初学小说写作的人，用短句子写作是一种很好的训练方法。

比如村上春树在《挪威的森林》中写了这样一段对话：

"最最喜欢你，绿子。"

"什么程度？"

"像喜欢春天的熊一样。"

"春天的熊？"绿子再次扬起脸，"什么春天的熊？"

"春天的原野里，你一个人正走着，对面走来一只可爱的小熊，浑身的毛活像天鹅绒，眼睛圆鼓鼓的。它这么对你说道：'你好，小姐，和我一块儿打滚玩好么？'接着，你就和小熊抱在一起，顺着长满三叶草的山坡咕噜咕噜滚下去，整整玩了一大天。你说棒不棒？"

"太棒了。"

"我就这么喜欢你。"

相比之下，长句子就会显得很绕，而且不高级。

分享几个日常创作中练习小说语言的方法。

●大声朗读你写的对话或者你觉得其他作者写得好的对话，培养语感。

其实，只要把你写的内容读出来，感受一下，你的问题就能暴露出来。

应特别关注的是，读出声对练习写作非常有用。

●用电影的脚本做改编练习。

这是很多话剧编剧专业老师教给学生的方法。

如果你觉得一段电影的台词特别好，记录下其中的对话，然后换个场景，自己模仿着写一段。

比如你看一部爱情电影时，觉得有一段对话真棒，那就可以记录下来，自己试着去写一个爱情故事，模仿这段对话，慢慢找你写的故事里的对话和电影里的对话有什么差异。长此以往，你的语感会越来越好。

其实，无论使用什么样的方法，无外乎多写、多练、多学、多模仿，真正地把自己融入人物，爱他，相信他。

创意小练笔

请你找出你喜欢的小说中的一段人物语言，自己设定一个场景，仿写一段对话。

_____

_____

_____

_____

_____

_____

10

自媒体
账号运营与写作

01

自媒体平台的特点与选择

我们先来了解自媒体的基本知识。

1. 自媒体的范围

小红书、知乎、抖音、哔哩哔哩、头条号、百家号、微博等给你机会发表自己见解、文章、视频等内容的平台，都叫作自媒体平台。

2. 自媒体的特点

（1）不受制于人，想发就发。

没有自媒体的时候，想要发表文章必须向传统媒体投稿，比如《青年文摘》或者《人民文学》等。很多写作者终其一生，可能都无法发表文章。而有了自媒体之后，写作者随时随地都可以发表文章，文章有可能被很多人看到。

（2）大多数的自媒体平台都是大数据或者机器算法推动的。

在自媒体时代，你的内容能不能火，能不能被更多人看到，都依赖大数据。文章的单篇阅读量越高，越能被更多人看到；单篇阅读量一开始就很低，就可能一直不被人看到。所以自媒体中会出现写得非常用心的文章没人看的情况，也会出现你随便发一篇文章就有很多人点赞的情况。

（3）自媒体的门槛很低，想要做好却很难。

任何人都可以注册一个账号，在各种自媒体平台上发表作品，无论你是 5 岁的小孩还是 80 岁的老人。但是自媒体平台依然遵循"二八定律"，即只有 20% 的人才能做好，80% 的人坚持一段时间后就会放弃，或者方法不对，努力了也做不好。

总而言之，自媒体给予的机会是我们每个人都触手可及的，值得试一试。

3. 自媒体写作需要注意什么

（1）熟悉自媒体平台的规则。

每个自媒体平台的规则都是不一样的，写作者一定要熟悉规则，在人家的场地"跳舞"，就得听从人家的安排。

所以随便写一篇文章，一模一样地发在每个平台时，文章火起来的概率极低。

如果平台的规则、要求都一样，一个平台就足够了，为什么还要那么多平台呢？这个底层逻辑大家一定要想清楚。

（2）如何熟悉每个平台的规则？

方法一，多看多钻研多拆解，比如做小红书账号，有人就花了 3 个多月的时间每天研究、拆解，才找到一点规律。

方法二，在每个平台上发布作品，是熟悉平台规则最快的一种方法。如果只是研究或者看别人的作品，自己不去实践，肯定没有多大用。

很多小伙伴会担心："如果我瞎发、乱发，导致账号权重不高怎么办？"这其实是很难规避的，都是经验的一部分，但总体来说，发总比不发强。

（3）平台那么多，从哪一个平台开始做起呢？

对于上班族或者平时比较忙的人而言，建议先把一个平台的规则研究透，先在一个平台上深耕，等相对成熟的时候再去尝试更多的平台，不要贪多。

一般而言，如果你想要对一个平台的熟悉程度达到60%，需要花2～3个月的时间集中观察，做沉浸式研究。在这种情况下，你不可能同时研究好几个平台。

（4）创作有价值的内容。

在自媒体平台上创作内容，你必须注意一条红线，那就是一定要利他，即内容一定要对别人有用。

任何在自媒体平台上创作的内容，都切忌只写和自己有关的、自己喜欢的。自媒体很重要的属性就是能给别人提供价值，只有能给别人提供价值，别人才会喜欢你、支持你。

你是谁不重要，你能提供什么很重要。

（5）找到适合自己写作的自媒体平台。

这里有两个方法供你参考。

方法一是打开平台，看它们重点推什么类型的内容。如果这些内容正好是你擅长的，就可以锁定这个平台。比如小红书会重点推荐穿搭、美妆之类的内容，但是哔哩哔哩推荐的多是学习类、知识类的内容。如果你是穿搭博主，在小红书写作远比在哔哩哔哩写作有优势。

方法二是选择2～3个你喜欢的平台，尝试发文章，看文章发出去之后的数据。哪个平台的数据更好一些，你就锁定这个平台深耕。

在自媒体平台上写作，是非常好的变现形式。对于想要稍微改变一下生活且擅长写作的人来说，自媒体写作是合适的。

02

小红书写作

1. 小红书的特点是什么？

小红书的特点主要有 3 个。

（1）小红书用户以女性用户为主。如果你擅长写女性相关的内容，比如穿搭、美妆、情感、购物等女性关心的话题，可以着重关注一下。

（2）小红书对新人友好。所谓对新人友好，就是指新人容易在小红书火起来。很多新人发一篇内容就有可能广受关注，所以在扶持新人的力度上，小红书相对大一些。

（3）小红书是少有的图文和视频等内容都比较容易火的平台。现在很多平台都在视频化，极力挤压图文的流量。目前来看，小红书还是很鼓励图文笔记的创作的。

2. 如何在小红书创作爆款内容？

既然小红书这么好，那如何在小红书创作爆款内容呢？

在小红书写作必须先建立一个基本认知：内容一定要垂直。如果你想要做穿搭博主，就一直发穿搭内容；如果你想做读书博主，就一直发读书相关的内容。在小红书创作，最忌讳像发朋友圈一样，今天发这个，明天发那个，这样是不会有人阅读的。

想要做好小红书，以下3点必须注意：

（1）要做一个好看的封面。

小红书的女性用户居多，因而对审美的要求非常高，带来的结果就是小红书封面的整体质量都很高。如果你做了一个普通的、发在抖音上算中等水平的封面，发在小红书上很可能就是低等水平。

关于做小红书封面，我有两个方法教给大家。

一是去研究小红书爆款笔记的封面，等你看完100～200张封面，风格就能掌握了。小红书平台的笔记封面有很明显的特点，用大白话说，就是花里胡哨，色彩鲜艳、字体大。

二是很多App都有适合做小红书笔记封面的模板，大家可以套用。

（2）标题尽可能多地覆盖关键词。

这一点也和抖音形成鲜明的区别：抖音短视频的标题可以怎么吸引人就怎么来，不用覆盖关键词；而小红书笔记标题覆盖的关键词越多越好。比如你的标题是"小众韩系春日学院风穿搭"，就覆盖了"小众""韩系""春日""学院风""穿搭"这5个关键词。于是，系统就很可能将你的笔记推荐给搜索"小众穿搭"的人，给搜索"韩系穿搭"的人，给搜索"学院风穿搭"的人。

应特别关注的是，覆盖更多的关键词，你就有更多的潜在受众。

（3）笔记内容尽可能真实、利他。

真实是指你要说真话。

你和老公吵架了，就说怎么吵的；你在职场上被表扬了，就说因为什么被表扬；你做副业赚了一万元，就说如何赚的。

不要讲一堆道理，小红书是大家茶余饭后看的，不要搞得那么严肃，用你和朋友、同事、家人聊天时的状态来写作。

利他是指你要写的内容对别人有所帮助，如果能够解决某部分人的问题就更好了。

如果你全篇都在说自己怎么样，或者全篇都在抱怨，那别人为什么要看呢？

从本质上来说，人都只看对自己有用的内容。给别人带去帮助，也是我们做自媒体写作应该有的初心。

上面 3 点是小红书写作最基本的 3 个要求。

如果你想要在此基础上做好，别无他法，只能一篇篇地练习。你写 10 篇笔记的状态和你写 100 篇笔记的状态肯定是不一样的。

3. 如何在小红书变现？

小红书的变现和其他平台的变现方式几乎一模一样。

第一部分就是广告收入。等你有了爆款内容或者有了一定的粉丝，就会有广告商来找你打广告。

第二部分是如果你有实体产品，可以在小红书带货，比如卖包包、文具等。

第三部分是如果你没有实体产品，也可以售卖虚拟产品，比如售卖一些线上课程。

第四部分是直播收入。

另外，还有一部分隐性收入，比如很多读书博主会收到赠书或者接到一些约稿。

但这些都不是最重要的，最重要的是你在小红书持续创作，积累了个人品牌。这样你就有出书的机会，也有机会成为一位有影响的人，这才是真正有价值的变现。

03

微博写作

下面是一位微博资深用户的经历和感受：

"我入驻微博的时间是 2010 年，从'小白'到拥有 14 万粉丝，我的微博写作经历了 3 个阶段。

"2010—2014 年，发微博像发朋友圈一样，在上面发自己的生活日常，基本没有粉丝。

"2015—2018 年，在上面发表自己对女性成长话题的看法，粉丝量迅速增长，十几万粉丝基本上是那时积累起来的。

"2019 年至今，我又恢复了发朋友圈的状态，偶尔上去发发生活日常，甚至有一年的时间，我基本没有发过微博。

"到目前为止，我发过将近 6000 条微博，总收入不超过 1 万元。与之相对应的是，我在小红书上发表了不到 60 篇内容的时候，收入已经超过 6 万元。"

所以自媒体写作要全面地看，看平台的调性，看你用它来做什么，看它是否能变现。

结合微博自身的属性和发展趋势，这里总结了微博写作的 4 个建议。

第一，如果你想要靠自媒体变现，不建议你现在入局微博。一方面作为"小白"，你很难把账号做起来；另一方面，即便粉丝量增加了，微博是所有自媒体平台里变现最难的了，因为微博的粉丝黏性特别低。

你想想就知道原因了："刷"微博时，你能同时刷出好几个人的内容来，精力极度分散，黏性就很受影响。

第二，在微博上，最能"涨粉"的是事件。如果你有能力策划事件或者策划热搜，那就是你最好的"战场"。现在的微博多是为了"热搜事件"服务，这些事件要么是社会新闻事件，要么是明星事件。

第三，如果你是做品牌宣传的，可以入局微博。作为一个大的品牌，如果你没有一个官方微博账号，就比较尴尬，你得让人一搜就能搜到你。这就是为什么很多在其他平台火了的博主，都会在微博上创建一个账号。这个账号并不需要用心经营，但你得有。

第四，市面上有很多人教新手如何运营微博，如何建立个人品牌，这就是依靠信息差在赚钱。微博从始至终都是"名人""大 V"的阵地，你想要靠写作在微博上成为"大 V"，可能性很小。

应特别关注的是，在自媒体平台的选择上，如果不是为了变现，所有平台都可以尝试；如果想要变现，就得认真筛选。

如果你就是喜欢微博，想在微博上深耕，有 3 个小建议供你参考。

首先，虽然微博上一般都是短内容，但现在容易火的内容的篇幅都很长，也就是说长内容更容易在微博这种短内容平台上取胜。字数多的内容，让人觉得很用心，从而具有微妙的差异化竞争力。

其次，内容还是要利他。如果你能给别人一些职场上的建议、情感上的建议，你的内容也会很受欢迎。还是那个底层逻辑：人都愿意阅读对自己有用的东西。

　　最后，带话题的内容相对容易火。找一些热点话题进行创作，这样数据会好看很多。

　　结合微博这几年的发展趋势，在我看来，普通人更适合把微博这个自媒体平台当作自己的"树洞"和了解外面世界的窗口。

04

公众号写作

首先我们要建立一个认知：公众号写作不是一种写作类型，它和你在小红书写作、在微博写作是一样的，只不过将平台换成了微信平台，更确切地说是微信公众号平台。

也就是说，本质上，公众号写作还是自媒体写作，并不特别。

关于微信公众号平台和公众号写作，我总结了几点，供大家参考。

1. 现阶段，微信公众号的红利期已经基本过去

现在入局开始做微信公众号当然可以，但是做好的难度非常大。

在 2017 年前后，你在微信公众号随便发一篇内容可能都有很高的阅读量，但现在你非常努力地去写，也可能阅读量很低。这甚至和你的内容没有多大关系，就是平台文章整体的点击率很低。

自媒体是一个很特殊的载体，它是有生命周期的，而且生命周期一般很短。如果你想要入局，在它处于红利期的时候入局是最好的。

所谓红利期，说得直白点，就是大家的注意力都在这里的时期。有人在的地方就有红利。

2. 很多人告诉你写公众号文章赚钱，但他们可能都在"吃老本"

抓住了红利期的公众号，哪怕现在文章的点击率低了，也还发展得不错，因为其粉丝数量足够多。

举个例子，某个公众号账号之前有 300 万粉丝，现在文章的点击率就算只有 5%，单篇文章的阅读量还是很可观的。

所以，如果有人鼓吹写公众号文章可以赚到钱，你可以多问一下或者多研究一下"它是什么时候赚到钱的"。

3. 如果你很羡慕一些人在公众号发了文章，先要清楚两个真相

一是很多平台打着征稿的名义，其实在做的事情是让你关注他的账号；

二是发表在公众号上的文章，基本不可能在未来你想要出版一本书的时候用到。一方面因为这样的文章很容易受账号调性的影响，丢掉了文章本来该有的样子；另一方面，公众号上的很多文章都有时效性，等你准备出版的时候，可能已经无用了。

4. 给大家的建议

（1）你可以现在做公众号，但要放平心态，别着急变现。

（2）可以向公众号投稿，但你要知道，这在很大程度上是一门生意。

过去公众号给过很多人机会，很多人也真的依靠做公众号实现财富自由，但它还是抵不过生命周期，衰落了。

不过，比生命周期更长久的是热爱。

如果你热爱写作，就能持续生产好的内容，即使在一个走下坡路的平台上，依然可以发光。

05

其他平台的写作

关于自媒体写作，有 3 个方面怎么强调也不为过。

一是每个平台有每个平台的规则，在一个平台上创作，一定要先学习和适应这个平台的规则。如果你不了解就贸然进去，基本不会有什么收获。

二是每个平台有每个平台的红利期，如果你想要变现，或者快速发展起来，一定要去还处在红利期的平台。如果平台已经不在红利期了，意味着它对新人是特别不友好的。

三是你不需要每个平台都涉猎。虽然每个平台的规则都不一样，但是它们都属于自媒体平台，标题如何取、内容如何写、如何变现等还是有一些共通之处。

应特别关注的是，选择一个平台先研究透，再去研究其他的平台。

目前大家比较常用的几个平台的特点总结如下：

1. 知乎

知乎算是一个还处在红利期的平台，目前知乎的发展有两个特点。

（1）大家都知道知乎是一个问答社区，你可以提出问题，也可以回复大家的问题。

一般来说，如果你想要在知乎有所收获，就要选择那些热点问题来回答。

但有一个挑战就是，问题热度高，回答的人就多，新人想要脱颖而出，压力是很大的。

所以从某种程度上说，它很考验写作者的眼光——怎么能找到适合参与的话题，和写作好的内容一样重要。

（2）知乎偏向于输出干货内容，尤其是长内容。

如果你在小红书上发布了1000字的干货内容，很受欢迎，那么切换到知乎上，你最好把它拓展到2000字，甚至3000字、5000字。

总体来说，知乎还是一个非常不错的平台，现在也处于红利期，只是它可能对于有某项专业技能的人来说更友好。在知乎上写作，重要的可能不是文笔，而是专业领域内容的输出。所以，如果你是专业类创作者，可以去试试。

2. 今日头条

很多人知道今日头条应该是因为它的各种奖励和扶持计划。在前几年，经常有人通过"青云计划"等动不动获得千元稿费，所以大家一窝蜂都过去了。

结果就是，越来越多的人涌入这个平台，赚到钱的概率越来越小，人们发现和自己想的不一样，于是就离开了。

一切都是商业模式而已，只要你抓住时机，就能赚到钱。但一旦你切入的时机不对，就很难获利了。

从这个角度上说，今日头条不处于红利期，而是处于一个正常发展的时期。

它是目前市面上少有的写爆款内容，根据阅读量会给一定费用奖励的平台。

因为今日头条的用户很多，所以它在某种程度上还存在一定的奖励扶持，如果你想要做，可以顺带着做做，但重心可以不放在这里。

3. 百家号

经常有人问，百家号目前的"涨粉"速度很快，要不要继续运营这个账号？

按照常理来说，"涨粉"快当然要运营，怎么还会纠结呢？

原因很简单：百家号"涨粉"很快，但这些粉丝并不是真的喜欢你的精准粉丝。在百家号中，别看有很多人关注你，有很多人给你点赞，但当你发互动问题时，你就会发现没人理你。

微博也有这样的问题，很多关注你的人不具有黏性。

所以，不能只看"涨粉"速度，而是要多想想这些粉丝认识我吗？喜欢我的文章吗？

4. 简书

简书不像今日头条和百家号一样有雄厚的财力支持，所以简书就像是一个热爱写作之人的社群。

简书早期还是孵化了一些作者，但是最近几年你再说"我是简书作者"时，可能就没什么影响了。如同你说自己的微博账号有多少粉丝一样，大家虽然会惊讶，但是不会有太大反应。

很多写作者对简书的利用就是把它当作一个私人写作的空间，把自己的文章都发在上面。

如果你只想好好写作，沉淀自己的作品，这样做是可以的。

5. 豆瓣

豆瓣这个平台属于文艺青年。

如果你是一个重度热爱阅读、写作、看电影、看戏剧的人，会在这里玩得很开心，大家生产的内容质量也很高。如果你想要写出爆款文章，相对来说比较难，而且豆瓣的爆款文章没有什么规律，也没有哪个类型的文章更容易火一说。

自媒体平台只是工具，我们要利用平台成就自己，而不要为平台所困；也不要与自媒体平台为敌，要让它成为助力你成功的翅膀。

11

第
11
章

读书博主

01

读书博主入门必备学习清单

随着自媒体的发展，读书博主越来越火。所谓读书博主，就是在自媒体平台分享读书的感受和相关知识的用户。因为读书和写作紧密相关，所以很多写作爱好者很想成为读书博主。

1. 做读书博主，是否简单？

可以说做读书博主简单。这是因为它的门槛比较低，难度比较小，适合自媒体写作新手。

也可以说做读书博主不简单。虽然门槛低，但想要脱颖而出依然很难。"二八定律"也适用于读书博主，你得在读书博主里面排到前20%或者前40%，才能成为优质博主。

也就是说，读书博主和其他类型的博主一样，并无太大区别。

2. 什么样的人适合做读书博主？

我觉得两类人适合做读书博主。

一类是非常喜欢读书，也有一些读书的经验方法可以分享的人。

另一类就是平常没有时间读书，但对读书有渴望、有热情的人。他们虽然没有多少经验，但持续输入与读书相关的内容是为了倒逼自己成长，这类人也非常适合做读书博主。

那你没有读过很多书，可以分享什么内容呢？

我给你 3 个内容建议。

一是真实表达自己为什么没有时间读书或者为什么读不进去，深度拆解自己。也就是当别人都在分享经验的时候，你可以分享自己的"失败"。比如《工作 10 年，每年读 5 本书的我，现在怎么样了》，相信很多因为忙碌而没有时间读书的人会有同感。

二是在网上看到比较好的读书类的文章时，写下你的读后感。比如《某某读书博主分享的 10 条经验，谁用谁高效》，自己不行，就从别人那里学习，内化之后总结出经验教训。

三是虽然你是零基础，但依然可以总结经验。比如《坚持阅读 30 天，我收获了什么？》，从而阶段性地总结自己的成长，这对同样是"小白"来说的读者也是一种激励。

3. 读书博主必须推荐书吗？

当然不是！

无论你做什么类型的博主，读书博主也好，穿搭博主也好，旅行博主也好，都有一个前提：你是一个活生生的人。

人有喜乐悲欢，人有丰富的生活。

无论做什么类型的博主，你都可以尽情展示：你是一个好玩的人，你是一个有趣的人，你是一个努力的人，你是一个自律的人，你是一个活得很辛苦的人，你是一个见过大世面的人，你是一个一辈子没出过小城的人，你是一个和自己"死磕"的人……

你尽情展示自己作为"活生生的人"的生活，也许这种内容不会让你火，不会有非常好看的数据，但是它能让更多的人记住你甚至喜欢你。

有一个测量维度就是你的粉丝黏性。

如果你不展示真实的生活，只展示包装过的或维度单一，粉丝黏性就会很弱。

作为读书博主，你不是只能分享读书，你还可以分享以下内容：

●分享书单。攒上半个月或者一个月的书，做个合集。

●分享阅读方法。如果你真的有比较独特的阅读方法，可以同别人分享。

●分享阅读工具，比如你用的阅读器、阅读 App、阅读卡片、书签、阅读支架、阅读笔等。这些小工具可以大大提高阅读效率。

●分享阅读周边。所谓阅读周边，就是你看书查资料时顺带发现的相关纪录片、电影、学习资料等。比如我在阅读《曾国藩传》这本书时，看了很多曾国藩相关的纪录片，就可以分享出来。

●分享阅读状态。如果你有一段时间读不进去书，那就把这种状态真实地表达出来，也许会有很多人产生共鸣。如果这段时间你的状态特别不好，读书稍微让你找回状态，你也可以分享。

●分享阅读环境，比如你的书桌、工位等。

●分享与学习、自律相关的内容。读书也是学习，成年人如何挤出时间来学习，如何保持自律，也是非常好的选题。

4. 读书博主如何变现？

●接出版公司和某些读书机构的广告。

●接一些书籍相关的广告。这类广告很多，比如护肤品、文具、饰品等。

●图书带货。建立一个自己的平台橱窗，即所谓"线上图书馆"，可以笔记带货，也可以直播带货。

●自己开发读书的相关社群和课程，走知识付费路线。

02

如何从 0 到 1 做读书博主?

我陪伴很多人完成了从 0 到 1 做读书博主的转化,有些建议可以分享给你。

1. 先调整好自己的心态和认知

(1)做读书博主当然是读过很多书更好,但如果你没有读过很多书,也不是不可以做。

(2)无论你是否读过很多书,做读书博主的前提是你要热爱读书,而不是为了装点门面。

(3)做读书博主的门槛很低,但是想要做好并不容易。

(4)读书博主是你可以做一辈子的事,做好长期准备。

(5)做读书博主是一件有益无害的事,最差的结果就是你自己进步了。

2. 给自己取一个让大家一眼就能记住你的昵称

很多读书博主的昵称由一大串英文字母组成,或者是一个很戏谑的名字,辨识度不高。如果大家偶然间看到你的昵称,根本不知道你是分享什么的。

所以建议你改为 ×× 读书、×× 的书房、×× 的书桌、爱读书的

××等，也可以取其他很有创意的与读书博主这个标签有关的名字。

3. 更新自己的简介，集中体现你的读书观

如果你想要做读书博主，就要把你的简介都集中在体现读书相关的内容上，不相关的内容可以有，一两条即可。

在这里大家要记住两点。

（1）当你展示的信息很杂乱的时候，就相当于什么都没展示，大家根本记不住。

（2）读书博主简介可包括如下内容：读书数量，一年读××本书；看过的关于读书的金句；关于读书的独特方法，比如有人写影像阅读法实践者。

4. 内容最好垂直

很多小伙伴说自己想要做读书博主，打开他们的账号一看，又有育儿的，又有穿搭的，又有美妆的，还有运动的，禁不住让人想问："你真的喜欢读书吗？"

虽然平台并不要求账号内容垂直，但是账号内容相对垂直能够让机器算法更好地向其他用户推荐你的内容。

除了以上建议之外，还有6条做读书博主的"常识"，可以让你少走很多弯路，顺利完成从0到1的转变。

第一，做读书博主的门槛很低，但做不好是常态，做得好的只是少数人。

只要你喜欢读书，或者想要在读书方面精进自己，都可以做读书博主，但想做好需要你具备综合能力，不是随便分享几本书、写写笔记就可以的。

第二，做读书博主需要具备综合能力，包括选题策划能力、标题策划能力、内容策划能力、封面策划和制作能力等。

大家注意，上面所用的词都是"策划"而不是"写作"，不要以为好的内容是写出来的，它们都是策划出来的，需要动大脑去想。

第三，如果你只是分享书或者书单，可能并不能称为读书博主，更确切地说是"书单账号"。所以你不能变现很正常，因为你只是个"书单账号"而已，距离"博主"还有很长的路要走。

第四，如果你想做一个赚钱的读书博主，不能装作自己读了很多书，也不能装作自己很懂书，因为这是装不出来的。倘若你不赚钱，你可以问问自己："我的读书能力够强吗？"如果你只是想投机做个账号，不赚钱很正常。

第五，一篇分享书的笔记火了，不要得意扬扬，也不用问："为什么我之后的笔记就不火了，是不是我的内容不够好？"

一篇笔记突然火了，可能只是你无意识间踩中了某些热点词汇，和你的笔记质量、策划能力没多大关系。

第六，发了很多篇笔记，但是数据一直很差，怎么办？

做读书博主不是靠勤奋，如果你一直没有写出爆款文章，即便写100篇，数据也会一直差下去。所以，你要努力写出爆款笔记。

03

如何做到每读一本书，都能写出一篇文章？

做读书博主，肯定要面对的一个问题是：如何做到每读一本书，都能写出一篇文章？

给大家分享 3 个模型。

1. 这本书最打动你的一个观点 + 这本书对这个观点的解读 + 你在生活中印证这个观点的故事 + 你的结论

举个例子：

第一步，许多人都看过《人类简史》，这本书最打动我的一个观点是"人类靠讲故事的能力脱颖而出"。

第二步，确定这个观点之后，就可以去翻一翻这本书是如何对这个观点进行解读的。比如作者提到的黑猩猩的故事就很好，可以用。

第三步，我的生活中有没有印证这个观点的故事呢？当然有！我给很多企业家做过演讲辅导，不得不说，很多人就是靠讲故事插上了腾飞的翅膀。

第四步，得出结论：大到人类的发展，小到个体的成长，都需要讲故事……

2. 这本书最打动你的一个故事 + 你的感受或者结论 + 生活中发生的类似的故事 + 其他人谈论过的类似的故事

举个例子:

第一步,我看《武则天本传》的时候,武则天的成长经历打动了我。

第二步,我的感受是一个人无论日后多么沉稳成熟,但初入社会时大多是比较天真的。

第三步,我的生活中也有类似的故事:一个很成功的女强人,大家都说她成熟稳重,但很少有人注意到她的天真。

第四步,无论是康德、海明威还是毛姆,都有过关于"天真"和"成熟"的非常独到的观念,可以用。

3. 这本书的某一篇或者整本书的框架很不错,可以用这个框架来写一篇文章

举个例子:

我特别喜欢汪曾祺先生的文章《栗子》,它的结构非常丰富,看起来好像只是在简单罗列,但是真正下笔才发现,很多地方都有自己独特的小心思、小设计。

于是,根据《栗子》的结构,我就可以写《核桃》,写《樱桃》,写《春天的风》。这样,当你在写一篇不知道如何下手的文章的时候,就可以直接套用这个结构。

但是要注意,模型就是模型,只有熟练了才能融会贯通,形成自己的风格。

(04)

读书博主的 4 个阶段

一个人想要做读书博主，会经历下面 4 个阶段。

1. 把自己看过的书随便写一写发出来

这是"小白"会做的事情，即把小红书当作朋友圈来发笔记，随随便便做内容，这种情况下内容也有可能会火，但是纯粹靠运气。

2. 把看过的书写成笔记发出来，经常盯着数据

这是稍微懂一些自媒体常识的人会做的事情。

认认真真生产适合平台的笔记，无论是标题、笔记内容还是封面，都精雕细琢。倘若你付出了很多努力，数据一直不好，就会开始打退堂鼓；遇到有的笔记火了，你就觉得有动力坚持下去。

这是所有人的必经之路，如果有人告诉你他不关心数据，那他一定很难成功。

3. 开始有了作为博主的责任感，也开始有了写作的分寸感

这是有了一定量的粉丝之后的状态，你会突然意识到自己要对说过的话负责，因为你会影响到其他人。

我经常收到读者问我如何学习阅读和写作的私信，面对这些，我感受到的是巨大的压力，因为我不确定是否真的能帮助到大家。我靠

阅读和写作过上了好的生活，但是有时候我不敢写这些，虽然我知道写了很可能会火。但我是几十年如一日努力的少数人，很多不了解真相的读者，会以为只要练习了一个月就可以赚到钱，事实肯定不是这样的。这个时候，我会思考写作中的分寸如何把握，才能对读者产生正向的引导，而不仅仅是思考如何把笔记写得更漂亮。

4. 逐渐形成自己的风格和观念，成为有 IP 价值的博主

这个阶段是永无止境的。

做读书博主最开始或许是靠书来短暂地火一把，但到了后面，拼的一定是这个人的专业能力、责任感、学习能力以及他对成功的定义。渐渐地，你会拥有自己的风格，拥有真正的个人品牌。

我鼓励想要做读书博主的人都去尝试，因为最差的结果也不过是变成了更好的自己。

但是在我接触了几千位想要做读书博主的人之后，有一些实话也想要分享给你。

（1）读书博主和穿搭博主、美妆博主、健身博主一样，也是一个媒体领域。

这句话有两层意思。

一是它也是一个"领域"，不是你在其他领域都成功不了，才来做读书博主，好像它没有门槛一样。

二是读书博主是"博主"，想要读书、喜欢读书和能成为读书博主是两码事，不是说你写了篇读书笔记就是读书博主了。

（2）喜欢读书和能不能做好读书博主并不是一码事。

因为博主是一份工作，所以它需要你有一定的运营能力，不是只要把读过的书写出来就可以。如果你对自媒体不是很了解，不懂得大家关心什么，只是"自嗨"，想做好就太难了。

（3）很多人说想要通过做读书博主来倒逼自己读书，这个想法很好，但是据我观察，有这个想法的人中，90%的人都做不到。

一方面，想要靠做读书博主来倒逼自己读书，并不会让你喜欢上读书，也就不能坚持。

另一方面，在你没有对读书产生热爱的时候，做读书博主一段时间后很可能忘记了自己的初衷，整天想着写爆款笔记。

（4）读书博主并不比做其他领域简单。

其实，做读书博主的难度和做其他领域没差别，甚至很多时候会更难一些。因为读书不像美妆和穿搭一样，大家能直观、轻松地解决自己面临的问题。读书博主更偏向精神层面，受众本来就少一些。

（5）不读书或者读书少的人，大多是做不好读书博主的。

我修改过很多想当读书博主的合作伙伴写的笔记，说实话，我一眼就可以看出他有没有读过这本书，因为读过和没读过，写出来的感觉完全不一样。没读过这本书的人从选题的角度到对细节的表达，都只会从网上摘抄，没有自己的想法。

（6）学习能力差的人，大多也是做不好读书博主的。

无论做任何领域的博主，都非常考验学习能力：别人做得好，你可以吸取别人做得好的经验；别人做得不好，你可以吸取教训。而这种学习能力，太多人不具备。

做读书博主的感觉是无法言传的，你要多看、多学习别人的经验，然后形成自己的思考。

（7）很多人问我，读书博主市场饱和了吗？这是个伪命题。

读书博主市场不但不饱和，而且有很大的空缺。你之所以经常看到读书博主，是大数据推送的结果，和市场饱和与否无关。

总之，如果真的决定做读书博主，那就好好读书，提升综合能力。

05

如何做一个赚钱的读书博主？

许多人都想通过做读书博主赚点零花钱，但具体怎么做呢？

1. 一个误区：追求粉丝多、数据好，认为这就可以赚到钱

有太多粉丝多、数据好的人是赚不到钱的，尤其靠分享单本书或者书单火起来的人。因为大家关心的只是你单篇笔记的内容，至于你对他们的吸引力，可能一点也没有。

我们不能被数据迷惑了双眼，只知道把数据做好，而没有在日复一日的创作中展现自己的 IP 能力。也就是说，那么多读书博主，你要给别人一个关注你的理由。

2. 一个常识：做读书博主，如果只想被动地等待别人给你机会，赚的钱是很少的

有些人因为刚开始做读书博主，所以只能等待出版社送书、品牌方来投放广告。这样做，赚的钱当作零花钱可以，当作副业收入则有些勉为其难。其实，不只是做读书博主，在任何行业、任何领域都一样，等待别人给你机会是不行的，一定要将这个常识时刻记在心间。

3. 一个策略：主动出击，多渠道尝试，形成稳定的副业渠道

举两个例子：

（1）如果一个出版社编辑来找你宣传某本书，你是否可以和他建立长期的合作？合作的形式有很多，可以售卖书，可以长期写书评供稿，可以以赠书的形式办读书会，可以作为中间商组织一帮读书博主一起宣传书……

（2）现在有很多做线上知识付费的博主，都没有在小红书做起来，但大家都很想做，这就是一个很大的需求。如果你已经有了两三万个粉丝，是否可以帮别人做运营？我的一个朋友只有800个粉丝，却顺利应聘上某位知识付费老师的小红书运营助理，从而持续获得收入。

被动做博主，等待机会，是很难成功的。永远要主动出击！

4. 一条路径：一个人替代了一支队伍

很多赚钱的读书博主，都是一个人替代了一支队伍。他们不仅仅具备做内容的能力、社群运营能力、销售能力，甚至管理能力也不差。

在自媒体发文章或者发视频，获得一定的关注只是起点，并不是终点或者全部。很多人发完内容，检测一下数据，就以为这件事结束了。不，一切才刚开始。你要么和自己原有的业务结合在一起，要么嫁接到一个项目上，你得能接盘。

很多人不是没有机会和流量，而是没有能力承接这些机会，从而错过属于自己的红利期。

做读书博主这件事，你要么当作自己的爱好，能赚点零花钱很知足；要么就像做一个小型的创业项目一样全力以赴，不然，别怪世界没给你机会，是你没有眼界和格局。

12

写作变现

（01）

写作收入渠道有哪些？

先给大家分享一下我的写作收入渠道，让大家有一个整体的感知。

●大学 4 年我都是靠向纸质媒体投稿养活自己的，比如《读者》《青年文摘》《意林》《山东文学》《长春》《青春美文》《中国诗歌》等。我发表过的作品也有很多种，散文、诗歌、小说、书评、影评等。

●去杂志社和报社实习，靠写作拿实习稿费。大三那年，我从山东坐 48 小时的火车去了某报社实习，做人物专访，采访了很多的明星艺人。

●给电视剧、电影写影评。读研究生时，我开始接一些朋友介绍的影评写作。

●纸质媒体转载我发表在网络平台上的文章后支付我稿费。我在各大平台上写的文章，如果被纸质媒体编辑发现，就会被转载，然后收到转载费。

●写书评的稿费。这些年我收到很多写书评的邀约，但现在书评行业不太景气了。

●给电视节目撰稿。因为工作的原因，我接触了很多做电视节目的人，他们需要撰稿时都会找我。

●征文比赛。我蛮喜欢参加征文比赛的，因为很紧张、刺激。从小学开始我就参加全国小学生作文比赛，后来参加过很多夏令营、冬令营。

●给机构写文案。我有一些朋友自己做品牌，经常让我撰写文案，这也是一份很辛苦的工作。

●给企业家撰写、修改演讲稿。这份工作我从 2016 年做到现在，服务过的企业家、创业者应该有 100 位了。

●出版收入，我先后出版了 5 本书。

你可能会问："我现在是写作新手，没有写作基础，如何一步步获得写作变现收入呢？"下面这 5 个方法，你可以试试。

第一个方法是找到一个适合自己的自媒体平台，深耕下去。

你可能会问下面几个问题：

如何寻找？答案是挨个去试，别听别人说。

创作什么？答案是创作自己最擅长的：你擅长家庭教育，就创作家庭教育内容；你擅长读书，就创作读书内容。

怎么赚钱？答案是基于第二条积攒出粉丝量，想赚小钱，等着就好了，想赚大钱，再融入商业思维。

第二个方法是把写作和工作结合起来，甚至你的工作越和写作不相干，二者结合的效果越好。

我有一个朋友是做装修的，你一听可能会觉得装修和写作没啥关系，但她靠自己的写作能力成了业绩高手。其实她的写作能力非常一般，但是这个行业里很少有人把日常工作及工作结果用文字展示出来，因为少，她就很突出，文字表达直接给她带来了业绩。

我还有一个朋友准备考公务员，但是因为时间不够，所以没有很多时间准备申论。不过，因为练习写作的时间够长，在没准备的情况下，他的申论考了近80分。

要记得，写作是你的工具。你的工作和写作相结合，产生的效果很可能比专门从事写作好很多。

第三个方法是不断变换"服务对象"，灵活选择赛道。

早期我一直在给纸质媒体写稿，那时候最高的稿费才800元左右。

后来公众号兴起，我就写了很多阅读量在10万以上的文章。一开始罗辑思维转载了我的一篇文章——《贫穷不可怕，贫穷的思维才可怕》，给了我2000多元的稿费，让我意识到把写作当工具是对的。

后来，公众号发展不行了，我就开始转型做企业家演讲稿的写作。而后我开始帮助一些创业者做内容策划和部分内容的撰写，到现在我直接包下了整个自媒体内容的全流程。

这中间的转型当然不是一帆风顺的，比如我还尝试过人物专访稿的写作、宣传片文案的写作等，后来陆续都不做了。

写作是一项技能，如果我们不是想要成为文学家，就要把它应用于现实生活中，为别人服务。

第四个方法是灵活选择赛道的同时，也要把一个专项打磨到非常有竞争力。

其实在写作上，我的能力也不是均衡发展的。我相对比较强的能力是采访能力，这是我的核心竞争力。

采访能力强了，你就可以挖掘到任何想要的信息，以及任何能给你的写作提供有效信息的素材。

很多人觉得写作和采访没有关系，其实二者紧密相关。采访的本质是挖掘，是挖掘素材的能力及判断素材的能力，知道什么样的素材是好素材，同时知道怎么挖掘出来。

有了这样的能力，无论是给企业家写演讲稿，还是写面向普通人的文章，都更胸有成竹一些。

第五个方法是耐得住寂寞和孤独，写作是一个"越写越吃香"的领域。

2022 年是我写作的第 14 年了，这是从我真正发表第一篇文章时算起的。大学的时候，我每个月的稿费也就 200 ～ 800 元，当时觉得靠写作养活自己可能也无望了。没想到临近毕业的时候，我接连写出很多爆款文章，出版了第一本书，从此再也不怕没有收入了。

在一个领域深耕，熬过那些不是真正热爱的和耐不住寂寞的人，你就赢了。

02

写作副业必知的"常识"

下面这19条建议，希望你每次有困惑的时候都能拿出来看看。

●不要轻易辞职从事全职读书、写作，除非写作的收入是你主业收入的2～3倍。

●不用去报很多的写作课程，一年上一门课就足够了。报多了如果吃不消，效果更差。

●一般情况下，写作并不需要文笔很好，只要基本功扎实，很多写作类的副业你都可以胜任。如果对自己要求过高，你反而不敢行动。

●别只知道埋头写，如果没有机会，就主动争取机会，找资源和找工作是一样的逻辑。

●如果你跟一个老师学习写作，最好的结果是分到他手中的资源，让他看到你的能力。资源比知识更难得到，因为知识你可以自己学习。

●不要忽视纸媒，向纸媒投稿相对容易，虽然不怎么赚钱，但可以磨炼你的写作能力。

●写作和你所从事的职业相结合。用写作为你的职业赋能，是普通人最快的写作变现路径，"写作+深耕的职业"是很多人的天花板。

●深耕自媒体，大部分机会都在这里。

●不轻视很少的稿费，哪怕只有 50 元也接受，先把流程走完，看看除了稿费之外还能得到什么。只盯着稿费，你就会看不到背后更值钱的内容。

●用写作打造个人品牌，写出个人品牌故事。

●保持一定的写作频率，每周写 1～2 篇就够了，不用每天都写。

●如果想靠写作变现，就要放弃"自嗨"，输出对别人有价值的内容。如果不想靠写作变现，只想写得快乐，那就尽情书写吧！

●少有写作时间不超过三年就很顺利地开启爆发式写作变现的人，所以得熬。对于大多数人而言，一年时间太短了，所以得做好长期准备。

●写作虽然暂时不能让你赚钱，但肯定能让你省钱，因为它会让你的思考能力大大提升，做决定更理性。

●写作者没有不大量读书的，虽然大量读书的人未必写得好，但写得好的人都大量读书。所以别埋头写，你还要多输入。

●两个点就可以判断你是否能做好写作副业：一是你是否真的热爱写作，二是你是否拥有成熟的写作技巧。

●如果无法坚持写作，你可以选择放弃，去从事其他更有热情的领域。

●一定要提升单位时间内的写作效率。

●好好做人，好人品永远是第一位。文字会反映出你的内心和人品。

上述 19 条建议中，有 3 条无论我说多少次都不为过，下面详细讲一下。

一条是不鼓励任何人辞职从事全职写作。

辞职从事全职写作一点也不靠谱，起码我身边这样做的人都失败了，无一例外。职场人想要在两年之后靠写作成为自由职业者，需要做的就是从现在开始，边工作边学习写作、练习写作，而不是等两年之后一头扎进去，从头开始。

　　未雨绸缪是这个世界上最有效的策略之一，用一两年的时间来未雨绸缪吧。这个时间其实很短暂，而写作需要了解的东西很多，如果你连自媒体和写作的关系都分不清楚，说明你需要的时间可能更长一些。

　　另一条是确实有很多人通过写作赚到了钱，但这并不适合所有人。试过之后，放弃也是一种好的选择。

　　很多人听到别人靠写作赚钱了，哪怕自己不喜欢这件事，也一头扎进去，没过几天，发现自己没赚到钱，就没劲儿了。这个时候，如果你来问我怎么办，我很大概率会跟你说："试试就行了，如果不适合自己，你就省下时间做其他的事。"

　　还有一条是如果想要将写作作为副业，一定要提高单位时间内的生产效率。

　　如果你有自己的工作，那就在上班间隙利用一切时间来找写作素材和写作选题，然后选择一个"整块时间"来写作。

03

你可能忽视和低估了纸媒投稿！

什么叫纸媒投稿？

说白了，纸媒投稿就是向纸质出版物投稿。比较常见的纸媒是杂志和报纸。但是因为现在很少有人买杂志和报纸，所以大家也就不爱提了。

纸媒投稿到底难不难？

不是很难。

我读大学的时候，文章全部都是发表在纸媒上的，比如《读者》《青年文摘》《意林》《山东文学》《东方青年》《长春》《青春美文》《中国诗歌》《散文世界》《都市快报》《三角洲》《燕赵都市报》《海口晚报》《内蒙古日报》等。小说、诗歌、散文，我都发表过。

到了现在，发表的难度其实更低了，因为大家都不太关注这些纸媒了，所以投稿的人相对少了。在我读大学时，大家都挤破了头想在上面发表文章。

我身边有几个小伙伴，写作不到半年的时间，就发表了很多篇文章。纸媒对新手来说总体是友好的。

但是大家要注意，一些比较好的杂志，比如《读者》《青年文摘》《意林》还是相对难发表文章的，难度和过去相比几乎没有变化。

如何进行纸媒投稿？

纸媒投稿的方法有两种。

一是想尽一切办法联系到杂志的编辑，直接投稿给编辑。这是最快的、我常使用的方法。尤其当你进入了一个小圈子，这种信息会比较多。

二是海投。现在很多新手都在用这种方法，就是在网上找一些投稿邮箱，结合征稿启事的要求开始投，能中哪个是哪个。

纸媒投稿能赚钱吗？

我个人觉得比较难，因为大多数纸媒自己的生存都成问题，不太能发很高的稿费。

我所指导的很多小伙伴投纸媒是没有稿费的，即使有，普遍也在50～200元。

不赚钱，为什么还要投纸媒呢？

主要有以下几个原因：

●对于新手来说，能发表一篇文章是一种很大的鼓励，会让自己更坚定。

●发表了文章，等于有了一定的背书，在面试的时候写上，或许可以加分。

●有一些领域，比如教师领域，教师在纸媒上发表过文章，更容易获得一些奖励。

●有些人靠在纸媒上发表了文章，开写作班，教人如何投稿纸媒。

总之，我对纸媒投稿的态度是新手可以选择尝试，毕竟在众多的发表渠道中，这一渠道很容易被忽视，从而给了新手更多的机会。

可能有一些小伙伴的基础比较好，想要投《读者》《青年文摘》《意林》这样的杂志，我有一些切身体会分享给你。

我在这些杂志上都没有首发过文章，基本上都是编辑们在各种平台上看到我的文章时来找我要转载权的，所以我没有向这些杂志投过稿。在我的印象里，这些杂志以转载为主，不仅仅是转载杂志、报纸上的好文章，也会转载各大自媒体平台上的好文章。

所以，你要勇敢地把自己的文章发出来，万一被选中了呢。

我总结了一下被选中的文章的类型，基本上都是人生感悟方向的。当然，这也是因为这些杂志是日常读物，所以更喜欢刊登故事类的、心灵成长类的作品。

这些杂志的文章，其实都有某种相似的风格，如果你想要更快地被选中，可以拆解一下文章的结构。我读初中时背诵过里面的很多篇文章，不知道是不是因为这个原因，更容易上手一些。

其实，在这些杂志上发表文章也不会对你有切实的促进作用，不要指望发了就有名了。

我是先在自媒体平台上写文章，爆款文章比较多就直接出书的。出书之后，我的文章才陆续被这些杂志转载。所以除了内心的满足感之外，在这些杂志上发表文章对我的创作事业没有多大的帮助。

坚持写作，上天总会给你一颗糖，拿这颗糖甜甜嘴就好了，还是要继续埋头创作。

在纸媒上发表过一次文章的人，之后再发表相对容易一些。

不是有什么关系，而是"孕妇效应"，你越是被看到，就越容易被看到。

04

写作 14 年，我所遭受的嘲笑

经常有人问我："我发表了一篇文章或者一篇笔记，下面总是有一些差评、恶评甚至人身攻击，怎么办呢？"我的答案永远是一个，就是无视。无视是对"黑粉"最大的蔑视。不用去反驳，不用去解释，也不用去删除。一般还会有人继续追问："可是我做不到'无视'啊，看到就心烦，就痛苦！"这个时候，我会说一句话："一切都是修行，你要修这份忍耐之心。"

说起来好像很玄乎似的，但其实都是因为我这些年面对过太多次这种事情了，渐渐地也就看开了。

大学时我开始写博客，因为我的学校是一个普通的二本学校，因此每次我的博文被推到首页时，都会有人在下面留言："要是能力这么强，还能考不上好的大学？都是假的。"

甚至在我考北大研究生失败的时候，20% 的留言都是：就你这水平，怎么可能考上北大？北大不会要你的，你不配！

我写的第一篇自媒体"爆文"是《除了你，其他人都挺努力的》，很多媒体都转载了这篇文章，结果下面有这样的评论：这么努力，还没猝死吗？

大学毕业，我出版了第一本书，销量很不错，但有评论说：不值得一看，浪费了我 20 多块钱，看了反胃、想吐……

研究生毕业后，我的第一份工作是写电视节目脚本。因为本来不会，被立即要求上手，所以我写出来的内容不忍直视。这个时候，领导问我："你不是写过畅销书吗？怎么连这个都写不了？"

做自媒体之后，我开始拍视频，于是有了新的被嘲笑之处："你的嘴不好看""你戴的眼镜好显老啊""你是个作家，还穿这种衣服"……

直到今天，我依然每天要面对无数嘲笑、质疑。

我给 100 多个人讲过一本书，当我以短视频的形式发出来时，有人质疑：你读过这本书吗，你就瞎说？

当我的书登上当当年度畅销书排行榜时，有人质疑：你的书有人买？

你会觉得一切都很可笑，但你也要深深地知道：在这个世界上，人类的悲喜并不相通。

你永远做不到让所有人满意。

你不能轻易让别人干扰你的生活，他们不配，你才是自己生命的主人。

你不是唯一遭受此事的人，不要放大这种痛苦。

然后，我想告诉你：因为见过这些，我们发誓——永远以最温暖的态度对待他人。

当然，最重要的是，你要越来越快地向前奔跑，有些声音，跑得远了，就真的好像没存在过一样。

如果这些外界的声音总是嘈杂得让你有种无力感，那我希望你拿起笔，让写作治愈你。

写下那些你心中不为人知的悲苦，悲苦自然而然就在书写的过程中被疗愈了。

前不久，我看一边在菜市场摆摊一边写作的陈慧说，她之所以写作，是觉得生活太苦了。可不是吗，她职业高中毕业之后就开始生病，终身吃药；在她 40 岁那一年，又离了婚，一个人带着孩子生活。我们曾经瞧不起平淡的生活，但后来才发现，平淡的生活是值得珍惜的。

亲爱的女人们，那些婚姻当中因为摩擦而失去的温暖，你可以用笔记下来，只要你知道这里有一个人口，你就会觉得还可以喘口气。那些在教育孩子过程中你付出的爱、你不被理解的认真，都把它放在文字里吧，文字虽然不能帮你解决问题，但你会发现第二天面对孩子时又有了一些新的力量。

生活很容易淹没一个人，但希望写作可以帮你一次次找回自己的存在。

我的一个朋友在她人生最低谷的时候写了四五万字，变着花样儿让自己记住自己的梦想，不能放弃。她说："如果我不写下来，可能坚持不到现在。"因为写下来本身就是一种确认，仿佛你的脑海中有了肌肉记忆，你真的就坚持下来了。

文字、写作，是唤醒内在力量最好的方式，你的每一次书写都是一种思考。生活中，你说出自己的梦想，别人会说你不切实际，而文字默默陪伴你，给你希望；生活中，你自卑、软弱、不敢表达自己，而文字永远是你最交心的听众、读者，给予你拥抱；生活中，你的白日梦会被嘲笑，被讽刺，而文字就希望你做梦。张开你的想象力，恣意做梦吧。

感谢文字，和我的灵魂产生过共振，那种深深的自我确认。

05

如何在两年内踏入自由职业之门?

很多人心中都有成为自由职业者的梦想。我看过一个机构的调查,说全世界在 2050 年会有 50% 的人成为自由职业者,朝九晚五的上班族将成为少数。无论准确与否,自由职业确实是未来的一个趋势,去中介化、去机构化正在发生。

如何踏入自由职业之门呢?

1. 一个原则: 你得至少提前两年做准备

那些告诉你裸辞的人,没有告诉你的是在裸辞之前,他们做过准备。

我也是 30 岁裸辞做自由职业的,但是我在 29 岁做到了《我是演说家》主编的位置,让我有一个比较好的背书。有背书还不行,我的商业能力欠缺,所以我到一家给企业家做个人品牌的公司工作了一年,某种程度上补齐了商业能力的短板,然后我才裸辞的。

2. 3 步规划的方法

第一步,第 1~6 个月——测试 1~2 个自由职业的方向。

前期拿不准的时候,可以测试 1~2 个自由职业的方向。

以我自己为例:第一个是给企业家一对一指导演讲,好处是单次收入很高，坏处是太依靠行业资源；第二个就是写作，好处是大多数时候工作是可控的，坏处是收入不会增长特别快。半年之后，我选择了写作。

注意事项：

●可以选择收入高的和自己喜欢的这两个方向。

●如果测试方向都没有，就不要辞职了，说明不适合。

●在工作之外尝试做副业，早期可以通过朋友介绍或者自己在网上找事做。

●选择能养活自己的，比选择你喜欢的更重要。

第二步，第 7～12 个月——打磨这个方向的专业能力。

我有一个做自由摄影师的朋友，他就是在这个阶段每到周末就去全国各地上课，同时也给别人拍片锻炼技能，集中训练自己的专业能力的。

这个阶段特别重要，你想做自由职业者，就要靠自己的专业技能吃饭。

第三步，第 13～24 个月——形成收入闭环＋制造背书。

经过一年的准备，你已经入门了，可以设计一条自己的收入闭环路径了。拿我自己来说，就是要想好如何接到约稿，如何让出版社出版我的书，我生产什么内容，我售卖什么产品或者服务。

同时，也要多和一些该领域的知名人士交流。如果有人在开始的时候能拉你一把，你会容易很多。

这两年会很辛苦，因为你要给自己打开一扇窗，但未来的很多年里，你将受益于这两年。

13

手把手带你

从 0 到 1 学写作

01

如果用一年的时间精进写作，
你应该怎么安排？

我觉得可以把一年以 3 个月为间隔，大致分为 4 个阶段。

第一阶段是找到写作手感，并且学习写作方法。

你需要做的内容如下：

每隔几天就写一篇完整的文章，隔 3 天、隔 5 天、隔 7 天都可以。

注意，是写文章，而不是写日记或者简单谈感受。不用限制自己，想写什么类型的就写什么类型的。我手写我心，你只要保证文章内容完整就可以。

把写作过程中遇到的问题记下来，找书或者找课逐点攻破。

比如你在写的过程中发现自己没有素材可以写，想要建立素材库，就可以去网上查找相关课程或者资料学习一下。

踏踏实实练习，不想任何变现或者与名利相关的事。

第二阶段是着重培养自己在某个擅长领域中的写作能力。

经过前面 3 个月的写作，你已经慢慢发现自己擅长写某一类型的文章了。这个时候，你就可以重点突破。没有人能够驾驭好所有类型的文章，你只要把喜欢的或者擅长的类型钻研透就可以。

这个时候，你要做如下工作：

如果你不知道这个方向是否合适，可以去请教比较专业的人，让他帮你看看。

去找同类型、同领域的作者，看看他们是如何写作以及如何发展的。

每天去看同领域的相关文章，让自己养成对这个领域的敏感度。

第三阶段是找一个适合的平台发布你创作的某个领域的内容，接受市场的检验。

这个时候，你需要做如下工作：

找到一个适合发表自己文章的平台，只找一个就可以，多了反而不容易研究透。

可以尝试投稿，前提是得投对口的账号或者纸媒。

保持一定的发布频率。如果没有发布 20～30 篇文章，你很难感受到这里面微妙的、不可言说的秘诀。

第四阶段是可以尝试多平台发布，找到最适合自己的平台。

第三阶段我强调只在一个平台上发布。第四阶段则可以试试多平台发布，目的是多使用几个平台，你可以更容易找到创作的感觉。

每个平台对自媒体内容的要求不太一样，你多了解几个平台，更有利于创作。

写作没有那么难，翻来覆去就是两件事：持续写，持续发。

如果这一年你可以坚持下来，不断更新自己，那么恭喜你，你是非常适合写作的。

如果前 3 个月你都无法坚持下来，那也恭喜你，你又划掉一个不适合你的领域。

$$\boxed{02}$$

从“想写作”到“会写作”，
写作新手应该怎么做？

很多小伙伴都想开启自己的写作之路，有人是因为想要锻炼自己的思考能力，有人是为了未来能做自由职业者，有人单单是因为喜欢写作。那么，如何从“想写作”进入“会写作”呢？

第一步，可以从每天写 200～400 字的小文章或者片段开始。在这一步，如果工作不是特别忙，你可以每天写 200～400 字，连续写半个月。如果工作特别忙，相应地少写一些即可。

这一步的目的是唤醒你的“手感”。这一步无所谓写得好或坏，只要写出来就可以。

第二步，找一些你喜欢的文章来模仿。在这里，我给大家一个建议，你可以找初中或高中语文课本上的文章来模仿。也许你会说：“瞧不起谁呢？我都硕士或博士毕业了！”还真不是，我见过太多硕士或博士毕业的人，写文章的水平还不如中学生。

初高中语文课本上的文章都比较短小，非常适合练手和模仿。比如你看到朱自清的《荷塘月色》，可以仿照着写一篇文章，可以写在城市的公园里见过的荷塘，也可以写老家的荷塘。模仿的时候，主要是模仿以下两点：

一是模仿它的结构，思考每一段写的是什么、为什么要这样安排。思考之后，你也可以完全按照它的逻辑来仿写。

二是模仿它的语言。比如它的语言是短句子，你也用短句子；它用的是比喻句，你也用比喻句。这个阶段大约需要模仿至少 10 篇的文章，然后你就能更好地理解文章的整体架构，对于什么是好文章也有一个基础的感知。

第三步，开始每周写一篇完整的文章。

大致的安排可以如下：

第一天，确定选题——也就是确定你想要写什么主题。

第二天，搜集素材——关于这个主题，你能找到哪些素材。这一步可以借助网络。

第三天，列大纲——根据第二天搜集的素材，确定文章大致的结构。最基础的就是总分总结构，或者并列结构，或者递进结构。

第四天，用 1～2 小时写出文章的初稿，别拖太久，拖太久反而写不好。

第五天，大声读出文章的初稿，把不顺口的地方都改过来。

第六天，去网上找一篇和你这篇文章同主题的名家的作品，比较你写的文章和他们写的文章有什么区别。列出你可以马上使用的写作要点。

第七天，参考名家的作品进行修改，比如你写的内容是关于妈妈的，就可以去网上找一些写妈妈的名篇。沈从文、贾平凹都写过这类主题很好的文章。修改完之后，就算是完成这篇文章了。

这样练上 20 篇文章，你就会有非常大的进步。

其实写作并不难，在你不会写的时候，优秀的作品就是你随叫随到的老师，非常靠谱。

(03)

精进写作的 3 种方式

想要精进写作，无外乎 3 种方式：自我练习，看写作书籍，或者上写作课。三者之间的关系或者说顺序应该是什么样的呢？

1. 自我练习

如果将三者根据有效性排名，排名第一的一定是自我练习。没有自我练习，看再多的书籍，报再多的写作课都没有用。写作是一项技艺，如同绘画、木工一样，熟能生巧，必须找到写作的手感。

自我练习的过程是孤独的，忍受不了这种孤独，就放弃吧，说明你不适合写作。

自我练习，除了写之外，还有两种不错的方法。

一种是将一篇文章反复修改，直到修改到和最初的那一篇完全不一样。

另一种是拆解文章，然后模仿各方面都比较好的文章，这样时刻有"榜样"陪伴。

2. 看写作书籍

大家要理清一个顺序，那就是你一定要先去写作，发现自己在写作当中的问题，比如选题不好，逻辑不好，讲故事的能力不好，然后有针对性地去看书。讲故事的能力不好，就去看讲故事的书。逻辑不好，就去看与写作结构相关的书。而不是先看书，觉得自己学到了很多东西，再下笔去练，这样几乎一点作用都没有。

我经常遇到很多人问我："我看了很多博主的笔记或者很多写作书，觉得非常有用，但一下笔就不会了，该怎么办？"漫无目的地读书，你觉得自己学到了很多方法，其实并没有用，带着自己的写作问题去读书才有用。

还有一个问题就是关于写作书籍的选择。说实话，没有任何一本书可以解决你写作上的所有问题。市面上的写作书五花八门、鱼龙混杂，我觉得一本书能够解决你写作的一个小问题就已经足够好了。如果你说一本书帮你解决了写作的全部问题，我觉得是不可能的。

3. 上写作课

很多人对写作课有误解，总觉得写作课都是"割韭菜"。没错，写作课鱼龙混杂，好像是个人都可以教写作，但是不可否认，有些写作课还是很有用的，不要一棍子打死，要学会辨别。

上写作课的正确顺序也是先写作，发现自己的问题，再去写作课上有针对性地解决；而不是还没开始写作呢，就先报了一堆课，这样做一点用也没有。

对，学写作，只上写作课的话，一点用也没有。

另外，要找到适合自己的写作课程，不一定好的就是适合你的。比如有些老师开设了一对一指导的课程，我个人是不建议新手报名的。新手并不急需一对一指导，而是需要先写作，先知道自己的问题在哪里。一对一指导更适合写了很长一段时间，处于瓶颈期的人。

很多新手说："我是新手，所以才更需要一对一指导。"我个人觉得这是不懂写作的人说的。我就说一点：当老师给你进行一对一指

导的时候，如果你连逻辑、结构、节奏这些词都还不理解，受影响的
不是老师，而是你。

　　拔苗助长，不是好词，沉下心来，踏踏实实练习，才能取得成功。

04

深度自律的写作方法

如何利用碎片化时间写作？

职场人很难有固定的时间来写作，其实把碎片化时间都利用起来，也可以高效写作。平时看视频或者看微博的时候，把看到的有意思的选题记录在手机备忘录里，这是一个好方法。

我的手机备忘录里现在有 1000 多条选题，都是我在看剧、看新闻、看视频的时候随手记下来的。比如我在看《圆桌派》的时候，看到一位嘉宾提出一个"目的性颤抖"的概念，对我很有启发，我就赶紧在备忘录里记下来。这样做永远都不愁自己没有选题，因为每天看的东西都是选题来源。

还可以在上下班的地铁上或者午休的时候搜索资料。还是拿我放在备忘录里的"目的性颤抖"这个选题来说，在坐地铁的时候，我就可以用手机搜索一下它是谁提出来的，对我们的日常生活有什么帮助，有没有专家谈论过这个话题……如果搜索到比较有意思的、对我有启发的答案，我就可以截屏存起来。我的手机相册里面有一个专门的"素材截屏"分类，目的就是把有用的信息都存下来。

空闲的时候，可以列一下大纲。

选题有了，资料也搜索完了，在有空闲时间的时候，你可以把这篇文章的大纲列一下：每一段要写什么东西，要用到哪些素材。

做到以上内容以后，你只需拿出 30～60 分钟的早上或者晚上的时间来完成写作就可以了。

其实写作最难的就是上面的步骤，如果上面的步骤（找选题、积累素材、列大纲）都做好了，写起来就容易多了。有米了，饭就容易煮了。

很多职场人都会选择早起一小时，一口气把昨天准备好的东西都写出来，然后开开心心去上班。当然，如果你习惯晚睡，也可以在晚上选择一个相对安静的半小时，把文章写完。

很多写作新手都会问我："襄依，我要是每天都写，每天都更新，是不是会好一些？"

"日更"的人认为写作是靠量变来完成质变的，事实上，写作只靠量变完成不了质变。

写过 100 篇文章的人可能会比写过 10 篇文章的人写得好，但也只是"可能"而已。我见过太多的人保持"日更"，但是一年过去了也基本没有进步。如果你的眼睛里只有数量，那你就会很少花时间去追求质量。

而且，大多数人是没有能力做到"日更"的。大家都知道严歌苓每天坐在电脑前写几千字，如果写不完就不休息的故事。类似的还有唐家三少，也是每天更新几千字或上万字。但是大家都不知道故事的前半段，就是他们会在前一天把要写的故事的框架以及需要的一些素材都准备好。对于大多数非专职写作的作家来说，他们没有时间也没有精力做到每天既要写作，又要为第二天做好准备。没有准备的"日更"，就只是徒增了数量而已。

其实"日更"是一个伪自律的框，千万不要让它框住你。

很多朋友告诉我："我每天都写作，如果哪天因为有事耽搁了，就会非常愧疚。"其实这种愧疚纯粹是浪费情绪，为了完成而完成，这和真正练习写作没关系。

你可以试试这个框架：

以 3 天为一个小循环，养成用一两天时间来思考主题、大纲和素材的习惯，然后在第三天写作。也就是说，如果你真的想要勤奋起来，就保持 3 天更新一次。

然后以 30 天为一个中循环。

按照 3 天写一篇文章的计划，30 天可以写 10 篇。把这 10 篇文章集中起来，找个老师帮你看看有什么问题（10 篇是可以诊断出问题的），然后有针对性地调整"循环时长"。比如问题大，改为 5 天更新一次；问题少，维持 3 天更新一次。

最后以 90 天为一个大循环。

90 天后你也写了几十篇文章了，这个时候再判断是否要再次调整自己的更新频率比较合适。

任何自媒体平台都不要求保持固定的更新速度，只要你能找到符合自己节奏的频率就好。

如果你学了一个新的写作技巧，比如写作的结构、故事的讲述方式等，要有针对性地练习一段时间，直到将这个技巧掌握了。这特别像做数学题，新学了一个公式，要练习到能灵活应用这个公式后再学下一个。如果只是知道，不去练习，我认为就没有做到写作自律。

新手学写作，可以将 3～5 天作为一个完整的写作周期。第一天确定选题，第二天列大纲，第三天搜索素材，第四天写初稿，第五天修改初稿。写作不仅包括"写"这个步骤，确定选题、列大纲、搜索素材和提笔"写"这个动作同样重要。

每天在相对固定的时间写作，效果会更好。对于上班族来说，我非常建议早起写作。一方面，早上的时间比较可控；另一方面，长期早起之后，你在早上的思维相对比较清晰，便于思考。

在写满几万字之前，你写的文章多半是不太好的。虽然我们不推崇数量，但是对于一个没有多少天赋的写作者而言，写满几万字之前，文章可能都比较难被人看到。写作的手感，不是简单就可以养成的。

把你的文章尽可能发表在能够被人看到的地方，而不是自己藏起来，这也是我认为的写作自律的一种。你的写作是你和读者共同完成的，如果你不让人看，这篇文章在某种程度上只完成一半。没有人理你，或者有很多差评，都需要你去面对，然后继续坚持。

有自己的写作目标，也是写作自律的一种。想好要达到什么样的具体的结果，然后拼尽全力去实现。

写作是输出，但不能为了输出而输出，要在输入上花费同样多的功夫，多读书，多思考，多观察。很多人写作到了一定阶段就停止了，就是因为写作者内心空了，没有源源不断的"活水"。

最高级别的写作自律是你坚信写作是为了让你变成思考者，是为了让你变成更好的自己。不相信这一点，单依靠稿费、名誉这些外在的东西，太容易放弃写作了。

05

在写作上，不是所有人都能出人头地

　　和朋友聊天，她突然问我："你有没有感觉上天在狠狠奖励会写作的人啊？你看我们身边这些会写作的朋友，30 岁一过，都过上了理想的生活。"她这一问，倒是让我想梳理一下写作这么多年，自己到底收获了什么。不讲精神层面的内容（虽然我觉得精神层面的收获是无价的），就从最世俗的层面来说一下吧。

　　●我靠发表文章的稿费，大学 4 年没有向家里要过一分钱，虽然大学时候的稿费很少，但我写得多，发表得多。

　　●大三在报社实习时，我获得第一笔 8000 元的稿费，帮家里还清了盖房子的债务。

　　●大学毕业报考北京大学写作专业研究生，虽然我以一分之差失之交臂，但也让老师看到了我的写作能力，和老师有了面对面的交流。

　　●大学毕业时，我出版了第一本书，用获得的稿费和版税给爸爸买了一辆车。

　　●考研被调剂时，凭借发表的文章，我去了能被调剂到的最好的学校里最好的专业——话剧编剧专业。

　　●研究生时，我凭借创作能力成为浙江省戏剧家协会会员。

●研究生时，我出版了两本书，给父母在老家买了房子。

●研究生毕业，凭借出版的书，我进入《开讲啦》节目组做导演，虽然我不是学导演这个专业的。

●凭借较强的写作能力，我后来跳槽到《我是演说家》节目组，负责撰写演讲内容，花费两年时间升为主编。

●凭借撰写演讲稿的能力，工作时我每个月可以轻松赚到 2 万～3 万元的兼职写稿收入。

30 岁那一年，我觉得自己积累的能力差不多了，就辞职成为一名自由职业者。我不是写得最好的那一批人，也不是从小就有资源的人，但我是一个坚持写作 14 年，写了四五百万字的作者。在我刚开始写作的时候，还没有什么自媒体红利，我就是靠着一篇篇文章、一篇篇投稿来实现梦想的。

靠写作来完成"逆袭"很难很难，如果你抱着要出人头地的心态，就必须做更多准备。

一旦你抱着必须出人头地的心态去写作，就很容易放弃。

容易放弃的原因很简单，因为这个目标太大、太远、太难实现。别说出人头地了，哪怕想要实现和主业一样的收入，你怎么也得坚持一年以上。"坚持写作一年"这件事，本身就能淘汰掉许多人。也就是说，大多数人连出人头地的影子都没看到就放弃了。

在写作这件事上，出人头地，依靠的已经不是"写"这件事了。

和做任何事情一样，只要牵涉到名和利，都不是对单一技能的考验，而是对整体素质的考察。如果想要在写作这件事上稍微做得有起色，你的沟通能力、营销能力、个人品牌能力、商业能力都不能差。如果你只是埋头苦写，当然也有可能出人头地，只是这个概率非常小。所以，很多时候不是你写得不够好，而是你的其他能力在拖后腿。比如我认识的好几个小伙伴，写得都很好，但就是没有任何的互联网思维，大大降低了被看到的可能性。

对于热爱写作的普通人来说，出人头地有时是伤害，会拖垮你。

很多人觉得出人头地是好事，其实是一把双刃剑。拿我自己来说，我出版的作品一直都是女性成长类的，各方面的数据和反馈都很不错，如果我现在想要转型写其他类型的内容，可能就没有人愿意出我的书，因为没有先例，出版社不确定我的新类型的书能有好数据。因此，这可能会使得我只写出版社愿意出的书，然后一直在舒适区，不敢跳出来。我也认识一些朋友，他们只追逐人们当下关注的，其他的一概不尝试，长久下来，他们的写作能力和思考能力基本没有提升。

不是所有人都能出人头地，但所有人都可以通过写作变成更好的自己。

没有比写作更锻炼思考能力的事了，就连阅读也比不上。阅读是输入，写作是输出，输出对综合能力的要求太高了。如果你让我给你一个坚持写作的理由，那就是当人停止思考时，这个人就被生活淹没了，而写作是让你下意识、轻松地保持思考的方式。

倘若你抱着"我写作是为了让自己思考、让自己变好"的想法去开始，你的动作就不会变形，你也就不会焦虑。因为这个时候，你判断的标准只有"我今天思考了吗"，而不是像之前一样，提笔前满脑子都是"我的文章会受欢迎吗？能发表吗？能出版吗？内容好变现吗……"。

无论怎样，都祝你写得开心，毕竟写作原本是一件快乐的事情。

第

14

章

女性写作：
内心的一杆秤

01

女性写作：获得疗愈内心的力量

在本书的最后，我们不再谈写作的方法和技巧，只讲一讲写作对女性的种种帮助，希望可以帮助朋友们坚定写作之心。

每个人在成长的过程中，都会有很多的情绪黑洞和关系黑洞，这些被撞击或者未被填满的黑洞，造成了内心的伤痕，在日复一日的受伤和修复中，形成了我们自我保护的"茧"。尤其对于女性而言，细腻敏感的天性，总是让我们在不经意间窥见这些伤痛，而写作是用文字去把这些伤痕撕开，慢慢理顺其中的沟壑，能实实在在地让女性获得一种疗愈内心的踏实力量。

我认识的两位女性朋友都有过这样的经历。一位朋友叫小丽，大学毕业后，因为对大理的风花雪月有美好的想象，她不顾家人反对，只身到大理开了一家陶器店。不懂经营，也没有什么社会经验的她，当然失败了：两年开店，赔了40多万元。家境贫寒的她，无力面对这一切，只能回到农村老家，慢慢想办法。而这一回去，她就陷入了重度抑郁的沼泽：一方面是她觉得真实的社会和自己从学校里面了解的社会是完全不一样的，有一种深深的"被欺骗"的感觉；另一方面，她自责愧疚，不知道该如何面对父母，加之对未来道路的迷茫，便整日把自己关在家里，靠服用抗抑郁症的药勉强度日。

终于有一天，她觉得这种不见天日的日子太无聊了，不能再这样下去了，就在某平台注册了一个自媒体账号，开始记录这些"黑洞时光"。最开始只是简单地记录心情，没什么人看，她也觉得无所谓，"自己写给自己看嘛"。渐渐地，翻来覆去的心情书写让她厌烦了，她开始从过去的经历里总结一些经验教训去分享，比如"大学毕业之后要不要去大理生活""大学毕业后能不能马上开始创业"，并用自身的真实经验给出很实用的建议，慢慢地获得很多人的关注。

当网友们得知她是抑郁症患者的时候，给出了很多的鼓励和温暖。她在这种陪伴力量的支撑下，也慢慢走了出来。她开始在自己写作的内容里加入她最近读过的书、看过的电影，也会拍摄很美的乡村生活的照片，配上精美的文字，然后发出来。当她的文字越来越阳光，越来越治愈的时候，她顺理成章地获得了更多网友的支持，到现在已经是一个小有名气的生活方式博主了。她的抑郁症还有，但已经是最轻的程度了。

她对我说："文字真的就像一道光，照进了我的生命。我从来没有指望写作能改变我的状态，我当时只是想写，然后就写出了一条路。"

我说："其实，本质上还是你在写作的过程中梳理出来了真实的自己，然后面对了真实的自己。与其说文字带给你力量，不如说是你面对自己之后心里产生了力量。你本身就是光。"

每个因为文字获得疗愈力量的人，都感谢文字，而我认为，写作、文字都只是通向自我的工具，真正完成疗愈这件事情的，还是自己。

我的另一位朋友的经历比小丽有过之而无不及。32 岁的她，本来过着非常优渥的生活，在南京有别墅，孩子可亲，老公能干，她也处在事业的上升期，一切看起来应该会越来越好。命运的黑暗之手还是伸向了她，她负责的地产项目发生了重大事故，几乎是在一夜之间，她十几年的奋斗烟消云散。她企图自救，但是无济于事，后来的一两年里，她又陆续卖掉了豪车、豪表和奢侈品包包，为的是能够维持正常的生活运转。因为连续两三年都在一种非常糟糕的状态里，她的婚姻也开始出现问题，最终她和丈夫离婚，开始了独身生活。

她一直顶着所有压力，直到有一天回家的时候，发现家门口又来了一堆要债的人，只能从后门逃回家。那天晚上，她决定写一封遗书，然后用刀子割腕，以此了断。没想到，恰恰是这封遗书救了她。

她边写边哭，想到了自己的孩子、父母和下属。她说每个人都像过电影一样，在她的眼前闪过，她好舍不得，写着写着，就写了好几页。这个时候，她发现她其实并不想死，只是觉得生活太难了。

写完之后，她点了一把火，把这封遗书烧掉了，之前准备好用来割手腕的刀子，也被她藏起来了。从第二天开始，她梳妆打扮，正常生活，只是多了一个习惯：每晚睡前，都要用笔写点东西。

这个故事，没有反转。她现在的生活也没有怎样优越，就是一个普通单身女性的生活，她有时候会开玩笑说，她所有的好运气，都在32岁之前用完了。但是她现在却觉得比好运气更重要的是：通过写作，通过每天记录思考，她觉得自己更踏实，也更清晰地懂得自己是一个什么样的人了。

她有一个习惯，就是每年过年的时候，都会把当年写的一大摞文字烧掉。我曾经劝她："别啊，这是多珍贵的记录啊！"她说了一句我会记一辈子的话："当年我烧掉遗书的时候，我就明白了：文字可以被烧掉，但文字在心里留下的痕迹，永远抹不去。"

我用了很大的篇幅来讲这两个故事，不是因为这两个故事多么"狗血"或者多么吸引眼球，而是因为我们每个人都会经历这样被生活按在地上狠狠碾轧的时刻，有时候你有能力反击一下，有时候你连反击的力气都没有。当你匍匐在生活之下时，我希望你记得：你还有文字，还有写作。当你提起笔，当你面对一张纸静下来，当你在脑海中铺开过往的画卷，当你开始倾听内心真实的声音时，你，就会获得来自自我的力量。

有时候，这种写作甚至不需要技巧，你只是让文字随着你的心自然流淌，哪怕写下的是"满纸荒唐"，哪怕写下的是"不忍直视"，哪怕写下的是"自私自利"，只要你通过写作开始建立和自我的连接，文字的力量就生发出来，变成你对抗生活的"武器"。

你受过的所有委屈、不甘，你要记下来呀，用手术刀一样的文字把它们剥茧抽丝，让它们露出肌理，你便看得清楚了一些。

你感受到的开心、幸福，你要记下来，记一遍，就品一遍，恭喜你啊：你品尝了幸福两次。

文字是药，也是"垃圾场"。

在我无数次对人性失望，对生活失去兴趣的时候，我都把那些黑暗的东西交付给写作，然后等天亮了，又去这片"垃圾场"捡拾一些也许可以重新利用的东西，每一次回去找，每一次它都在犄角旮旯里——它还在。

02

女性写作：职业选择的杠杆

网络上流传着一组粗略的数据，说是 90% 的职场人对现在的工作是不满意的，有 40% 的职场人对现在的工作是极度不满意的。的确，很多人都不喜欢自己的工作，但是因为种种原因，又不能自由地选择职业，怎么办呢？我认为，对于喜欢写作的女生来说，用写作为自己的职业选择铺路，是一个非常好的方式。根据我身边人的案例，大致可以分为三种方式。

第一种方式是用日常积累的写作成绩转换职业赛道。

2021 年元旦，我在三亚旅行，有一个跟我学习写作几个月的小伙伴坚持要请我吃饭，尽地主之谊。我再三推辞，也阻挡不了她的热情，等见了面才知道：她要通过这种方式来表达对我的感谢。

她本来是在博鳌某国企从事行政工作，日子清闲自在，唯一不好的是她老公的工作在三亚，两个人只能过两地分居的生活。她一直梦想着能换到三亚来工作，在一年前就开始着手物色三亚的公司。最让她满意的是一家新媒体公司，因为她很明确地知道：对于她这样的普通大学毕业的本科生而言，如果想要发展得更好，要么待在国企这样的待遇好的公司，要么就去当前比较火的行业，赶上趋势东风。

　　但是她怎么能获得新媒体公司的录用呢？她认真分析了自己的优势。因为她在行政岗上经常写一些汇报材料，虽然写得不是很好，但是文字底子是在的，而很多的新媒体公司都在招聘时明确说明需要文字功底好的应聘者，于是，她开始谋划第二步：怎么提高自己的写作能力，进而证明她的写作能力强呢？

　　她在网上找了一些写作课程跟着练习，也买了很多的写作书籍来集中学习。因为有明确的诉求，她每天斗志满满。我记得有一天她给我发信息说："老师，今晚下班之后我在公司写文章，写完文章之后，开车回家的路上，一片漆黑，一个人都没有，但是我一点都不怕。"凭着这股韧劲儿，她在不到三个月的时间里创作了 30 多篇完整的文章。因为还没有发表的机会，她就把它们暂时都放在自己的公众号上。

　　后来某一天，她发现自己怀孕了，这就意味着她要加快换城市的进度。本来她打算用一年的时间集中学习写作，没想到计划只进行了三个月，她就得去应聘了。她还是决定背水一战，试一试。果不其然，因为对新媒体领域了解得不够深入，面试并不顺利，很多问题没有回答上来。就在她心灰意懒准备离开的时候，面试官问她："你说你平时喜欢写作，你有现成的文章可以让我看看吗？"她怯懦地拿出了在公众号上发布的文章给面试官，没想到，仅仅因为这个原因，面试官告诉她："因为你的写作水平还不错，愿意给你两个月的试用期，试一试！"而到今天，在这家新媒体公司，她已经成为部门负责人。

　　我相信很多人和她一样，都有想要转换职业赛道的愿望。没有准备，马上就转，何其难啊！不如未雨绸缪，给自己制订一个转换赛道的时间表，按照那个时间表来计划和筹备。

　　很多喜欢写作的女性都想要以写作为生，或者做一些和写作相关的工作，那么在日常生活中，日复一日地练习和准备是最好的策略。

写作是个慢功夫，想要把它打造为求职竞争力，的确要下大功夫。

　　第二种方式是用日常积累的写作成绩在同单位换岗，这可能是最简单的职业转换途径。

　　我们的一位兼职老师原本在一家公司做营销宣传工作，随着公司业务方向的调整，她的部门逐渐被边缘化，而她又非常喜欢这家公司的企业文化，不想离开，于是，她想到或许可以通过换岗来实现职业赛道的转化。

　　通过综合研究，她锁定了公司总经理秘书的职位，因为现在的秘书马上要外派，她想趁此机会应聘这个岗位。可是手中什么牌也没有，怎么办呢？就在这个时候，她正好在朋友圈看到关于写作培训的一则广告，广告宣传说：如果写的文章特别好，可以推荐在报纸和杂志上发表。她立刻报了名，为的就是"在报纸和杂志上发表文章"这个福利。

　　她开始了没日没夜的写作训练。她说那段时间比考研还累，总是一个字一个字地修改文章，仿佛回到小学阶段。但最后的结果是好的，在课程期间，她有三篇文章发表在省级报纸上，得偿所愿。

　　她所在公司的总经理有"报纸情结"，认为一个人能在报纸上发表作品，就是写作能力被认可。于是，她凭借多年在公司的工作经验，加之报纸发表文章的背书，顺利地转换了赛道。到目前为止，她已经在新的岗位上工作了三年。

　　写作是一个杠杆，它可以帮助你撬动很多的资源。如果你还没有能力做到让它为你撬动整块的资源，不如分步来，就像我们的这位兼职老师一样。如果她马上跳槽，可能没有更好的工作机会，那不如就在同单位进行小步跨越，分步骤实现职业赛道的转变。

　　第三种方式是用写作能力给自己的职业增加"第二曲线收入"。

我们有一个成都的小伙伴是一名独立房屋设计师，因为刚离开公司自己独立做，所以客源不是很稳定，有时候一年十几个，有时候半年才有一两个。她也不着急，忙的时候，就没日没夜地忙；不忙的时候，她就把自己做过的那些案例整理出来，写成文字，告诉大家这个装修的房屋背后的故事或者设计思路，然后配上精美的图片，发到自己的自媒体平台上。

不得不说，她做得太认真了，甚至每个段落的排版都包含她自己的设计美学，逐渐地，她的账号得到越来越多人的喜爱。当账号关注的人数多起来的时候，她的收入有了两方面的增加：一方面，有些网友会拿着自己家的设计图找她付费咨询，看有没有更好的设计建议，也有人会邀请她做远程"装修顾问"，付费咨询装修过程中的细节；另一方面，有一些独立设计师跑来问她："能不能把我的一些案例也发在你的平台上？我可以付费。"

这个姑娘很有商业头脑，当她发现第二个需求越来越多的时候，就自己做了一个基于 H5 页面的小程序，把和她一样刚起步的设计师的设计案例都展示出来，收取一定的广告费用。最早是她一个人写作、排版，现在不到两年的时间，这个平台已经有 3 名员工，盈利正常。

她现在依然在做着独立设计师的工作，不一样的是：一方面，哪怕在淡季，她也有了来自平台的广告收入来源；另一方面，她通过这个平台提高了自己的身份，之前她只是一名普通的独立设计师，现在成了一个设计师平台的创始人。别小瞧这个身份的转变，因此来找她的客户多了很多，毕竟大家更信赖权威的人。

我很喜欢这个姑娘身上不慌不忙的气质，有时候甚至觉得是这个气质救了她。如果她在没有客户的时候着急找客户，而不是静下心来用文字梳理自己的案例，也许到现在她还没有自己的"第二曲线收入"。

当写作遇上设计师，谁能想到会有这样奇妙的化学反应呢？写作是一种工具，如何让它赋能自己的职场，这是每个职场人都可以思考的问题。

03

女性写作：家庭的"隐形财富"

女性写作除了对女性自身有很大的提高之外，其实还能带动整个家庭甚至整个家族的精神创建。我在多年的阅读和写作培训中，发现了很多女性引领家庭生活发生变化的故事。总结起来，当一个家庭中的女性开始写作时，家庭会发生 4 个方面的变化。

第一是能够营造良好的家庭阅读和思考环境。

每个妈妈都希望自己的孩子从小养成阅读和写作的习惯，但是如果在孩子小时候，爸爸妈妈从来不阅读，不写作，没有言传身教，是很难让孩子养成自觉的阅读意识的。当妈妈翻开书，孩子也会翻开书；当妈妈拿起笔，孩子也会拿起笔。不要低估孩子"看见"的力量。

过去三年中，我收到过很多妈妈给我的反馈："蘘依老师，这周我们一起读完的书，被我的孩子抢去看了，他看得还挺着迷，我非常感动。""蘘依老师，这学期我的孩子作文分数增加了很多，虽然我没有给予什么具体的指导，但我觉得这和我经常写作应该有点关系，很开心。"

最让我印象深刻的是一个妈妈给我讲的故事。她平时是不怎么看书和写作的一个人，只是偶然间想要学习一下写作，就跟着我了解一些写作相关知识。有一天晚上，她下班回家，看到孩子正在写作文，有一个比喻句怎么也找不到合适的，她不知道哪里来的信心，张口就给她孩子三个建议。她孩子非常惊讶地说："妈妈，原来你这么有文化啊！"

这位妈妈说她听到这句话时非常惭愧，原来在女儿眼里，她之前是"没有文化"的。因为女儿的这句话，她决定继续写作，做一个"有韵味、有墨香"的妈妈。

阅读和写作氛围的营造，离不开妈妈的坚持，这种"隐形的财富"是家庭最大的财富。

第二是当女性通过写作和阅读拥有了更大的视野和格局之后，就会对家庭事务有更理性的思考。

一个长期写作的人，一定会对这个世界有更多的思考，因为写作的本质就是思考。当一个女性独立思考的能力愈加强大的时候，她对一些事情的判断也会更加理性。举两个层面的例子：

一个层面是当女性因为写作有了更多的独立思考之后，她会对如何培养孩子以及希望孩子未来成为什么样的人有更理性的思考，不会人云亦云地送孩子上大量的辅导班，因为她自己锻炼写作的经历会告诉她：想要在一个领域有所建树，"一万小时定律"只是开始，孩子不可能同时做好多件事。她不会对孩子只要求分数，因为写作的经历会告诉她：一个人拥有充沛的情感和善良的勇气，这些比分数更能让她幸福。她不会无底线地让孩子和其他孩子进行对比，拿"别人家的孩子"打压自己的孩子，因为写作的经历会让她更在乎孩子心灵的健康成长。

从另一个层面来说，当一位女性开始长期写作的时候，她就不会沉醉于鸡毛蒜皮、婆婆妈妈的小事儿，写作可以把人从生活的泥潭里拔出来。有一位长期困扰于婆媳关系的女性曾经惊喜地对我说，当她开始写作之后，她发现自己和婆婆的关系改善了很多。我告诉她：可能未必是处理婆媳关系的能力在短时间内提高了，而是因为一个人的精力是有限的，当她把精力转移之后，婆媳关系因为缺乏注意力的过度关注，反而松弛了，没有那么紧张了，自然而然就好了很多。

写作让你不会被生活的琐事淹没，这是送给女性的礼物。

第三是更有能力去处理婚姻关系，更幸福。

我见过很多女性在文章中吐槽老公多么不堪，但也见过很多女性在写完老公的不堪之后，开始反思自己是否在面对关系时也有做得不对的地方，并且给出一些具体的解决方案。

这就是写作的力量。如果你不去写，只是任由这些糟糕的事情在内心翻涌，只会"剪不断，理还乱"。但如果你写出来，写的过程就是一个梳理的过程，就能慢慢发现其中有哪些问题是可以避免的，哪些问题自己也有责任，哪些问题重复发生。这样一次次地梳理，女性也就能直面婚姻问题，并且开始经营婚姻。

我们有学员开玩笑说："写作可以降低离婚率。"其实未必是玩笑，也许是事实。女性心中敏感脆弱的部分，一旦被梳理，一旦被记录，变得清晰明了之后，就会变得无比有力量。

写作有时候在婚姻中是"雪中送炭"，有时候也是"锦上添花"。有一个小伙伴的老公是她作品的忠实读者，每次写完，她老公都第一时间给出反馈，好的地方表扬，不好的地方给出建议。她说这种精神层面的交流，在中年之后非常难得。她用了一个比喻，说"这种感觉特别像两个人打乒乓球，你打球，他接球，两个人的默契久而久之就更好了"。我相信很多中年女性都能体会这种感觉的珍贵，可能是其他交流形式无法比拟的。

第四是写作能带来家族传承。

在过去几年的教学中，我有一个很惊讶的发现：很多人学习写作，不是为了发表，不是为了变现，而是为了记录一些即将逝去的东西，想要通过文字对一些事做最后的挽留。

有的人想给父亲写一部人物传记，觉得如果她不记下来父亲的一生，父亲就好像没存在过一样；有的人想给家族写一部传记，这个小家族经历了很多的离散聚合，她觉得太值得一写了；而有些人现在已经 70 多岁了，开始学习写作，不为别的，就为了记录自己的一生，写一本回忆录。

每次看到这样的诉求，我都非常感动。写作和文字是没有门槛的，她敞开怀抱拥抱所有的人，只要你会写字，你就会写作，你就会记录，而传承就在一字一字的记录中发生了。

写作会让你的家庭生活更幸福。因为当你开始理性思考和反思式记录时，你就已经变成不一样的人，一个更崭新的人。

04

女性写作：抵达真正的自我

在前面的内容中，我们看到了写作对人们尤其是心思更细腻的女性在内心疗愈、职业选择和家庭经营方面的作用，但这一切作用发生的起点，应该是热爱写作的你——你是一个不断精进自己，不断完善自己的人。

第一，长期写作的女性一定是终身学习者。

写作本质上是一种输出，是把一个人日常所经历的、所思考的写出来。既然是输出，它势必会要求一个人不断输入，不然就是"无源之水"，而这就会形成正向循环：越写作，越输入，越成长。

我们年龄最大的学员已经73岁，她是一位生活在上海的阿姨。在来找我们学习写作之前，她已经写了上百万字，大家不要觉得这个数字惊人，其实，她就是有随手记录的习惯，每天写两三百字，几十年下来，书写量就如此庞大了。我问她："你既然不想成为作家，怎么会那么坚持呢？"她的回答很有智慧："谁说写作的人都要成为作家？我写作，是因为我要学习；我要学习，是因为我要写作。"

前不久，她发表了人生中第一篇文章，我们以为她会非常兴奋，毕竟写了这么多年，文字能变成铅字，是非常不容易的。她却对此没什么反应，而是写了很多文字来梳理这篇文章发表背后她学到的东西。我想，"写作即学习"这个观念，她应该践行了一生，已经成为"肌肉记忆"了吧。

第二，长期写作的女性，会慢慢建立独立思考的能力和独立的判断能力。

写作即思考，我们的每一次写作，其实就是完成了一次思考。

在我接触的学员中，有很大一部分是全职妈妈，或是忙碌的上班族。这两个群体的女性有一个共同的特点就是：太忙于完成手头的事务了，导致没有时间去思考和反思正在发生的事情，长此以往，成长就很慢，或者容易被他人带节奏，失去独立的思考能力和判断能力。

比如有一类全职妈妈非常想要赚钱，经常被朋友圈里各种所谓广告吸引，那些宣传语大都是"投入 3000 元，赚回 3 万元"一类很有噱头的"骗术"。有些全职妈妈为了不让老公发现，贷款偷偷支付，想等着赚到钱给对方一个惊喜，结果可想而知，不但制造了"惊吓"，家里还因为这些事争吵不断。

其实，如果这些妈妈能够稍微思考一下，就会知道：轻松地找到比理财产品回报率高出不知道多少倍的产品——天下哪有这么好的事情。而且，如果稍微上网查一下，就能够知道这类骗术非常多，就能够避免上当。

这些妈妈开始写作之后，会深度反思自己：为什么会被这些东西吸引？如果想要赚钱，正确的心态应该是怎样的？以后如果再遇到这种吸引自己赚钱的广告，如何辨别？不要小瞧这种反思，时间久了，甄别能力就会变强。

有一个曾经被骗的妈妈说，后来又有一个朋友介绍她投资 20 万元去买一个海边度假区的房子，她当时很心动：太便宜了。但她没有马上做决定，而是先和家人商量，也去查找了很多相关的信息，最后发现都是烂尾楼，不值得入手。

像这样的故事还有很多，她们不是没有基本的判断能力，而是因为长期不思考，导致一下子面对很多信息的时候手足无措。而写作，就是一个把问题条分缕析的过程，形成这种线性的思维方式之后，更容易做出正确的决定。

第三，长期写作的女性，对生活和人生会有更强的安全感。

很多女性深受没有安全感的困扰，总觉得自己是一个没有安全感的人。其实安全感的缺失，很大一部分来自缺少对生活的掌控感。掌控感越强，越觉得安全，而写作是一个很好的增强对生活掌控感的方法。

在写作的过程中，女性会直面内心的纠结，敞开心扉，去寻找安全感缺失的源头。有的人在写下小时候故事的过程中，发现自己长大后的某些"情结"原来在小时候已经存在；有的人写下自己害怕失去的真实感受时，发现真正害怕的原来不是失去，而是担心自己没有能力拥有；有的人抱着"埋怨"的心态，写下和丈夫相处过程中的点点滴滴，却发现点点滴滴不是埋怨，而是爱的细节，是满满的安全感。

掌控生活的前提是认清现实、直面真实，写作在这个过程中起着重要的连接作用。

写作有时候像是一把利斧，劈开我们冰封的内心，让我们得以暂时摆脱所处的环境，进入另一个不同的世界。写作帮助我们抵达自我，那个真正的自我。越接近自我，越能发现：你眼前的职场关系、婚姻关系、生活关系，任它多嘈杂，不如有修养的你矜贵。

你的内心会有一杆秤：称一称那些琐碎的日常，就知道它们多么没有重量，你的患得患失，根本无法左右秤的指针。

写作当然不是万能的，但是当你进入文字中，你就是"重"的，你内心装满了力量。

而作为一个很"重"的女性，生活无法左右你。

在生活中，你把梦想说出来，他们会说你不切实际，而文字，默默陪伴和包容你所有的希望；在生活中，你可能自卑、软弱、不敢表达自己，而文字，永远是你最交心的听众、读者和给予你拥抱的朋友；在生活中，你的白日梦会被嘲笑，被讽刺，而文字，就希望你做梦，张开你的想象力，恣意做梦吧。

女人一定要写作，写下那些你真正想要拥有的内在力量。

05

女性写作：开启多渠道创收

说起写作对于女性的意义和价值，总也逃不过的就是：赚取稿费，拓展收入渠道。现在很多人的生活压力都很大，都希望在主业之外有一份副业，增加收入，提高生活品质，因此很多人选择了写作。的确，我见证了太多人靠写作改变了自己的生活。那具体该如何做呢？我给大家提供以下 5 个方向：

第一，很多女性 30 岁之后有了家庭，对家庭和婚姻生活有了一定的了解。如果你很喜欢探索婚姻领域的话题，可以把写作集中在婚姻关系领域，无论是做自媒体还是出书，把自己打造成该领域的专家，都是不错的选择。

我有一个 35 岁离异的小伙伴，每天在小红书分享自己对过往婚姻的思考，或者对当下新恋情的讨论，或者发布和孩子相处的日常，不到半年的时间，就获得了 6 万多朋友的喜爱。现在的她，经常收到一些平台的直播邀请（有费用），也会接一些图文广告。更重要的是，她现在已经收到出版社的约稿，成为婚姻关系领域一个小有名气的作者，开启了多渠道的写作创收。

第二，如果你有孩子，在养育孩子方面有特别的经验，无论是培养孩子获得优秀成绩的经验，还是处理各种问题的经验，都可以把写作集中在育儿领域。

比如我的一个小伙伴的孩子有自闭症，她没有垂头丧气，而是写了大量和自闭症相关的经验总结。凭借写作能力和对自闭症的研究，她现在已经成为多家平台的特约撰稿人，在四五线小城足够养活自己。

还有一位我的老乡，本职工作是一名农村银行柜台工作人员，有了两个男孩子之后，她觉得有很多育儿的经验"不吐不快"，于是在某自媒体平台开始写作关于养育男孩的文章，一年以后，顺利出版了一本书，叫作《让男孩像男孩那样长大》。现在她兼职稿费的收入，已经超过她的主业。

不是只有专家才能写作、才有经验可以分享。有时候，我们普通人的经验也很宝贵。

第三，很多女性属于"职场大女主"的类型，不想写家庭和育儿，就可以在职场领域找到一个细分品类深究下去，无论是职场技能、职场情商还是职场沟通，把职场上的某个点打通，长期输出这方面的内容，转型比前两个方向都快，而且即便不能转型，也能成功跳槽更优质平台。

我有一个在新东方工作 13 年的小伙伴，离开新东方之后，果断做起了自由职业者。她没有从她擅长的英语入手，而是基于她在新东方几年的高管经验，选择了"职场沟通"，从 0 到 1 把她所积累的感性经验变成了专业知识，在自媒体平台上以文字的形式进行输出，目前已经自由工作两年，收入足够维持生活。

第四，当写作能力打磨到一定程度的时候，可以接商单。

就拿我自己来说，有一段时间，无论是电视节目撰稿的工作，还是纪录片撰稿、商业演讲的工作，我都接。我身边也有很多人，会接文案写作、演讲稿写作或者传记写作相关的工作。

接商单，相对来说收入会不稳定，但是非常锻炼人，在一遍遍地求得甲乙双方的平衡中，会迅速增加商业写作的能力。

第五，有一类人喜欢散文、小说等文学领域的创作，这类小伙伴比较好的方法就是多投稿给杂志或者报纸，尤其是在杂志上多发表文章。发表得多了，以后出书就会容易很多，可以转型为全职作家。

我有一个作家朋友，不到 40 岁，出版了 30 多本散文集，刚开始就是在报纸和杂志上勤奋发表文章。在当下这个自媒体兴盛、纸媒衰落的时代，如果想要在纸媒上打下一片天地，就要更加努力。

有些人说"我写作不是为了赚钱"，或者说"我写作可以先不赚钱，等后期再赚钱"，我的建议是边写边赚，能力差的时候少赚一些，能力强了之后多赚一些。千万不要等到能力非常强了再谈变现，原因有三：一是追逐梦想的路上都需要"盘缠"，如果你没有及时获得正反馈，可能比较难持续；二是赚不了小钱的人，往往赚不了大钱，有时候不想赚钱，只是不能赚钱的借口而已；三是万一没有坚持到能力非常强的那一天呢？

无论你是何种原因开始写作，都祝你写得开心，写得快乐，写出更富足的人生。

有一天，好朋友发给我一段话：

"对于一个天性敏感的人来说，将感情寄托在他人身上，难免会失望，寄托在阅读和写作上，几乎是一个没有任何成本的方式，且永不遭受背叛。"

　　我把这段话也送给陌生的、热爱写作的你。无论你以何种理由开始写作，写作都会是你最亲密的朋友。